東京伝説
自選コレクション
溶解する街の怖い話

平山夢明

目次

素振り　6
東京プリティ・ウーマン　12
山　22
公衆電話ＢＯＸ　28
テレビ　30
都会の遭難　37
ナリスマ師　48
リモコン　52
コンビニ　60
内職　67
芋けんぴ　69
百目婆　76

麻酔 82
サイコごっこ 84
No.4 92
マヨネーズおじさん 101
公園デビュー 103
ネックレス 108
取り扱い注意 111
プリンのおじちゃん 114
シャワーノズル 124
蚊 134
二度死んだ男 141
おふくろの味 148

這徊さん 154
フラスコ 155
メンパブ 161
607 168
祟《たた》り場 170
終末ラーメン 177
窓辺 183
いってもどっていってもどる 186
となりの女 195
風呂ぶた 201
自選解説　平山夢明 210

素振り

周防《すほう》さんは今年のはじめ、ひどい風邪にかかった。

「そのアパートに引っ越して、一ヶ月ぐらいしか経ってなかったんですよ」

体温計は四十度を指していた。

「一応、会社には連絡できたんですけど……病院もどこにあるのか、よくわからないし」

トイレに行くのも困難なほど、ひどい目眩《めまい》と関節痛だった。それでも、どうにか彼女は汗に濡れたパジャマを着替え、薬を飲んだ。息が詰まるほど辛かった。

会社の友達は彼女の声に驚いて、〈帰りに寄るから〉と言った。悪いと思いながらも断れなかった。心細かった。

テレビを点けたままベッドに横になっていた。部屋のなかが、ゆっくりと回転しているように感じられた。

「昔から扁桃腺《へんとうせん》が腫《は》れるんです……。そうするとすごく熱が上がってしまって」

仕事で疲れが溜まっていたのと数日前に同僚とクラブで夜更かしした後、ベッドにも入らずそのまま雑魚寝《ざこね》したのがいけなかった。

真夜中になり目を覚ますと、全身が冷え切って既に喉が疼《うず》き出していた。すぐにうがいをしたが冷水が喉《のど》にしみた。


薬が効いてきたのか、暫《しばら》くすると全身のだるさが薄れ、急速に眠気が襲ってきた。寝てしまう前に、彼女は立ち上がると靴下のなかに部屋の鍵を入れ、それを外廊下の洗濯機に隠すと、友達にもう一度電話してそれを伝えた。

「わかった。七時には行けると思う」

いつの間にか彼女は寝入っていた。

ブンブンという音が耳に届いた。

どのくらい眠ったのだろう、掛け布団の隙間《すきま》から覗くと部屋のなかは、仄暗《ほのくら》かった。

ブン……ブン……シュッ……シュッ……。

……何かが動いていた。

人だった。部屋の真んなか、布団の真横に人が立っていた。

「一瞬、友達かな？　と思ったんですけれど。すぐに男の人だと気がつきました」

〈泥棒？〉

両肩がガチガチに強張《こわば》って躯《からだ》が動かせなくなった。

音は続いていた。男は、しきりに躯を大きく動かしていた。

金属バットだった。

肩まで伸びた長髪の男が金属バットで素振りをしていた。

ロゴの入ったトレーナーには何かの染みがべっとりとついていた。

「メガネをかけた顔の大きな太った奴でした」

男は架空のボールに向かって黙々とバットを振り続けていた。

たまに振り切って、次のモーションに入る際、布団の端にバットが擦《す》れた。

「息もできない……グゥッと喉が詰まったまま、動けませんでした」

彼女はバットの先端と男の顔だけを見つめ続けた。

それが次の瞬間、自分の布団めがけて振り下ろされるのを見届けようとするかのように見つめた。

怖くて怖くてしかたがなかったが、布団のなかにただ隠れていることはできなかった。男は何度も額の汗をトレーナーに塗りつけるようにして拭《ふ》く。その度に彼女の顔をチラッと見るのだが、なんの反応も見せずにひたすらバットを振り続ける。

シュッ……シュッ……シュッ……シュッ……。

その時、不意に外から竿《さお》ダケ屋の口上が流れてきた。

静かだった部屋にそれは奇妙に響いた。

男は突然、素振りを止めた。バットを下ろし、暫く動かなかった。

「その時間がいちばん長くて、怖かった……」

外からはのんきな音が聞こえている。彼女は身体を壁際にぴったりと寄せた。もし殴りつけられてもかわせるようにしたかった。

「よおし！　もういいぞ！」

男はびっくりするような大声で怒鳴った。彼女に対してではなかった。目の前にいる見えない相手に向かって叫んだのだ。

「今日は、ここまで！」

男はバットをひきずりながら玄関へ出ていった。サンダルをごそごそと足で探し、ドアを部屋が揺れるほどすごい力で叩き閉めていった。

鍵をかけに行こうとしたが、腰が立たなかった。這うようにして玄関までたどり着くと震える手で鍵をかけた。

一一〇番に連絡すると被害を訊かれた。

「素振りしてただけですって言ったら〈ちょっと待ってなさい〉なんてすごく待たされて……」

バイクの警官が一時間ほどしてやってきた。

「全然、話になんない。鍵を放置しておくのは非常識だとかなんとか言われて逆に怒られて……。結局、何か盗《と》られたり、怪我しなくちゃ駄目なんです」

警官から事情聴取を受けている時、友達はやってきた。

ホッとした途端、一気に目眩と悪寒がぶり返してしまい、警官に抗議するどころではなくなってしまったという。

数日後、隣の部屋の人と出くわした。五十前後の工員風の男だった。

「あんた、若いんだから……。チェーン買ってきて内側にくっつけたほうがいいぞ。大家のせがれが入ってくっから」

その男はそう言ってにやにや笑った。

「その部屋に女が入っと必ず様子、見にくんだ。あれは悪い病気持ってんかんなあ。合い鍵かっぱらってきては入っちまう。仕事もしないでずっと部屋に籠《こ》もりきりなんだ……。せがれの部屋から見えんだよ。あんたの部屋。庭挟んで真向かいだから」

家賃を五千円引いても良いという大家の言葉を振り切って彼女は引っ越した。引っ越し費用は全額大家に出させたという。

東京プリティ・ウーマン

「だって、チョー紳士に見えたんだもん……」

マユミはあの〈家出っこ時代〉の話をそう振り返った。

夏休みを利用してというか休みが終わっても自宅に帰らなかったマユミは、そのまま繁華街で知り合った仲間たちの部屋をホテル代わりにふらふらする〈クラゲちゃんのような生活〉をしていたのだという。

親はたいして心配していなかった。

「ムカつくんだけど。一日一発メールしとけば後はご自由にってカンジ。なんか必要とされてないんだなぁって……まあカンケーないかって」

父親と離婚してから母は女手ひとつでマユミと妹を育ててきた。しかし、高校になってから母親に男ができた。〈くそダサイ男〉だったという。

「そいつが父親面してセッキョーすんだよ。自分は働きもしないで競馬やパチンコばっかりなのに……頭きちゃって」

ショックだったのは母親から「あんたたちはいずれ離れていくけど、あの人はあたしが別れない限りは離れない」と言われたことだという。

正直、吐き気がした。それで〈家出っこ〉になったのだという。

「でもねえ、マジで楽しいのは最初のひと月だけだった」

遊んでばかりでは金がなくなる。使うことばかり覚えている自分たちでは盗むか売春《うる》しか道がなかった。周囲の仲間は当たり前のようにその両方で稼いでいた。

マユミは万引きで都合をつけていた。しかし、それだけでは足りなかった。

そんな空気のなか自分だけ売《う》春らないのはズルいと感じた。友達におごって貰っている自分。その金は彼女たちが身を汚して稼いできたものだった。

〈自分もやらなくっちゃ〉と毎日、決意していた。

「テレクラも出会い系も全部、チャレンジした。男なんか雑魚《ざこ》みたいにひっかかる。でも全部、最終的にはバックレてた」

最後の一線を越えられないのは売春《うり》をやった子の言葉が忘れられなかったからだ。

「マユミ。アンタ……やんないならやんないほうがいいよ」

溜まり場になっているマンションでその子はそう呟いた。暗い顔をしていた。

「どうして？　悪いじゃん。これじゃメスヒモじゃん」

「いいよ。メスヒモでも。わたしがなんとかしてる間はさ」

「簡単じゃん。別に処女でもないし。頭んなかでタッキーのこととか考えてればいいんでしょ。そのうち慣れるよ。みんなみたいに」

「……それ違うと思う」

突然、その子はマユミを見つめた。

「慣れないよ……慣れない……。知らない逢ったこともない男やオヤジにやられるのってアソコにウンコされるのと同じだよ……慣れるわけないじゃん。絶対、慣れない」

その子はしばらくして姿を消したという。

「なんかその言葉が重かったんだよね」

だからといって家に戻って高校生活と足を洗えるほど気持ちは簡単ではなかった。マユミはその言葉をトラウマとして抱えつつ、それでもなんとか売春しなければと日々を焦って〈家出っこ〉をしていた。そしてジミーと逢った。

「ジェームズ・ディーンって知ってる？」

ジミーはそう言って近づいてきた。背広姿の四十か五十。コンピューターソフトの会社を友達と一緒に経営していて、いつも暇にしていると言った。

「アルタとかコマの噴水とかで声かけられりゃ…ああ、オヤジが頑張ってナンパしてんよとか思ったんだろうけど」

浅草の雷門だった。

「一度でいいから、あの提灯《ちょうちん》触ってみたくってぇ」

提灯の金具の下で飛び跳ねていたら声をかけられた。最初は注意されたのかと思っていたら全然、違ってた。ちょっと笑ったら、ジミーも微笑んできた。

「知らない。そんな奴」

「おじさんの青春時代のスターだったんだよ。ジミーって呼んでよ」

妙にホッとするオヤジだったという。もしかするとマユミの父親同様、小柄で優しそうだったからかもしれないと今では思っている。

「ごはん食べた？」ジミーはまた笑った。

ふたりは〈今半〉でスキヤキを食べたという。

「ジミーがここはスキヤキですごく有名なところだって言ってたけれど、本当においしかった」

ふたりはジミーの提案で〈マユミが厭になるまで〉デートすることになった。

ジミーは彼女を新宿に連れて行くと好きな服を買ってくれた。バッグを買ってくれた。靴を買い、ピアスと化粧品も揃えてくれた。ジミーはマユミが喜ぶのを見て、ただニコニコと笑っていた。その後、原宿の美容室に行きパーマをかけた。終わるともう夜だった。ふたりは東京タワーに行って展望台に上り、ボーリングをして映画を観た。

「レストランはホテルの最上階に行こう」ジミーは笑った。

「なんでこんなことしてくれるの?」

そんなこと聞く前にマユミにはわかっていた。本番の経験はなくてもテレクラ等で男が見ず知らずの女に金を使うのはどういうことかわかっていた。マユミはジミーなら〈初めての客〉にしてもウンコされたような気にはならないんじゃないかと感じていた。どうせいつか売春《うる》なら初めてはジミーで良かった。思い出す時辛くならないと思ったから。

食事が終わると既に十時を回っていた。ジミーはそこのホテルに部屋を取ってあるんだと告げた。部屋はスイートだった。マユミは初めてでビックリした。

ジミーはシャワーを浴びに行った。

マユミは床に座ってテレビを見ていた。緊張してやたらに喉が乾いた。ジミーの入れてくれたオレンジジュースを飲むと意識がなくなった。

気がつくと椅子に座らされていた。怪我はしていない。ただ口にガムテープが貼られ、両腕が椅子の背の後ろに回されて手錠がかけられていた。

照明を落とした部屋のなかにジミーがいた。ベッドの端に腰掛けて怖い顔をしてテレビを見つめていた。画面にジミーの写真が映っていた。アナウンサーが妻を殺した犯人だとジミーのことを言い、仕立て屋をしていたことなどを述べていた。

マユミが目覚め身動きしたのにジミーが気づいた。

「ジミーは病気の奥さんを殺しました。苦しんで苦しんで病気と闘っていたのにジミーが疲れ果ててしまったので殺してしまいました」

ジミーは立ち上がるとマユミの前に立った。

「苦しまないように殺そうとしましたけれど、苦しんで苦しんで顔が真っ黒になるまで苦しんで死にました。とても可哀想。でも、もうお金もなくなってしまったからね……」

マユミは躯が壊れるかと思うほど震えた。涙が溢れ、泣き声が漏れた。

ジミーは鞄《かばん》のなかからハサミを持ってくると上半身裸になった。

「今日は楽しかった?」

マユミは頷いた。

「それは良かった……ジミーも楽しかった。今日は忘れない?」

マユミは頷いた。

「それはいい。覚えておいて……。ジミーは子供ができなかったんだ。できてれば丁度、あんたぐらいのはず。ジミーを忘れちゃだめだよ」

マユミは頭を振り回すようにして頷いた。

「忘れてはだめだ」

ジミーはハサミを自分の耳にあてると削《そ》ぎ落とした。

耳の脇から血飛沫《ちしぶき》が上がった。耳は思ったほど簡単に切れなかった。ジミーは途中まで切ってから、それを掴んで気合いを入れて引き毟《むし》った。顔の横に穴が開いた。黄色い骨が見えたという。血が止めどなく流れた。ジミーは耳を捨てた。ビックリマークのように絨毯の上にそれは伸びた。ジミーは反対側も同様にした。

「苦しくない苦しくない痛くない痛くない……奥さんはもっと痛くて可哀想だったんだ」

ジミーは口のなかにハサミを入れると滅茶苦茶に閉じたり開けたりしてかき混ぜた。げえーっと音を立てると血と肉のスープを吐き出した。

ジミーは何かを呪文のように繰り返していたが、もうそれは言葉にはなっていなかった。

それからジミーは鞄から包丁といろいろなものを出して洗面台に行った。足が血で滑って大理石の上に転んだ。鈍い音が響いた。ジミーがいたところには全て血だまりができていた。

しばらく何かを突き刺す音と唸り声、むんむん呻くような声と硬くなったジッパーをゆっくり引き上げるような音が続いた。悲鳴と何かを打ちつける音。そしてジッパーを上げるようなミリミリミリミリミリミリ……。

マユミは俯いていた。

やっと何かが出てきた。

顔を上げるのが怖かった。

うがいをしているような音がして、マユミが見ている絨毯の上に白いべとべとした丸い粘土が放り出された。目玉だった。

思わず顔を上げると上半身を滅多切りにした人間の躯の残骸が立っていた。顔のあちこちに釘やキリが打ち込まれ、その隙間から残った目がマユミを見ていた。

よくわからないその〈何か〉がマユミに叫んだ。

わからなかった……しかし、マユミは頷くしかなかった。

ジミーはいきなり手にしたカッターナイフを首に深々と突き刺すと、左の耳の下から喉へ、右の耳の下から喉へと二度切り開けた。首の両側の皮が大きなささくれのように口を開き、噴水のような血が溢れた。

マユミは失禁した。それはマユミに向かってくると彼女に覆いかぶさるようにした。

ジミーが絶命するとマユミはホテルの電話まで這い、足で蹴り落とし、フロントの声がすると叫び続けた。思ったほど大きな声は出なかった。テープが邪魔していた。


「最後には私が単なる被害者だっていうことで警察も納得したんだけど……。家に帰るきっかけにはなったわね。学校にも戻ったし、卒業したらさっさと家を出て自立した。もうグレたりしなかった。迷いはなかった。まっしぐらに自立することだけを考えてやったわ」

マユミは何度も頷いた。

「驚いたのは私が未成年だったせいか、全然、ニュースにならなかったことね。ああこういうことって誰にも知られないんだなぁって思った。世の中で起きたことが全部ニュースになるわけじゃないって初めて知ったわね」

「ジミーのことは頭にきてる？」

「全然。自立してからジミーのこと調べた。いい人だったらしいよ。今でも怒ってない。可哀想な人だとは思うけど……」

マユミは今でもジミーのお墓に行くことがあるという。

山

「みんな、わかってないんだよ」

最近は空前の登山ブームとかで色々な人種が〈山をやる〉ようになった。それはそれで結構なことだが、なかにはとんでもない奴らがいると山岳ガイドの大杉さんは怒っていた。

「このあいだもね。ある山の展望台に行ったら、子供が下に向かって石を投げているんだよ。慌てて〈おい！　何やってんだ〉って叱ったら、その母親らしいのが飛び出してきて逆にこっちに向かって喰ってかかるんだよ。〈人の家の子供を勝手に叱るな〉とかなんとか。冗談じゃないよ。人が殺されちまうぞって、こっちは言ってンだよ」

彼の話だと、落石というのはとんでもない凶器だという。

「山の石ってのは町ばの石より硬いからねえ。年期が違うから。この前も富士山登ってた時、上から〈ラクッ！〉って落石の声があったんだよ。丁度、子供の拳ぐらいのやつが下の方にカッ飛んでったんだな。そしたら……」

彼曰く、どこかの馬鹿が足で止めようとしたのだそうだ。

「で、どうなっちゃったんですか？」

「当たり前さ。足首から先、反対側向いちゃって、ヘリ要請だよ。なのにその馬鹿親どもは平気な顔してんだよ……。人間じゃねえな、あれは」

山のマナーというのは時には人の命を守るためにあるともいう。

「呼び子があるでしょう。笛。ああいうのは絶対に単独で山やるなら持ってかなくちゃいけないんだ。助けを呼ぶのに声は山の風に乗っかりにくいけど、笛は結構遠くまで乗るんだよ。それに声なんか一時間も叫べば枯れちゃうしね。笛なら、そういうことはまずない」

それにね……と彼は声を潜めた。

「女の人は特にいるよ。このあいだもひとり助けた」

その日、若い女性登山者が青ざめた様子で下りてきたという。

「どうしたのって聞くと〈追われてるんです〉って言うんだ。その時にはたぶん気配を察して逃げちまったんだろうけど……〈山変わり〉する奴がいるんだな」

「なんですかそれ」

「いつもは狭っ苦しい都会でちまちまやってる奴がひとりでこういうとこに来ると突然、自由になった気がして、それだけならいいんだけど……こう、王様になったみたいな気がしてわけわかんなくなるのが多いんだよ。俺だって真っ裸で歩いてる奴を何人も見たもの」

その女性の場合は数時間前、頂上から下りる途中でひとりの登山客とすれ違ったのだという。暫くすると、さっきすれ違ったはずの男が彼女の後をつけてくるのだ。手には登山には不似合いなサバイバルナイフが光っていた。

そのルートは頂上へ行くだけの道なので途中で他の用事を済ませるということはまずない。男は彼女と一定の距離をあけてついてくる。彼女が止まるとあちらもいつまでも止まっているという。彼女は怖くなって急ぎ足で下り始め、二時間ほど下ったところで大杉さんと逢ったのだった。

「多いんだよそういうの。本気かどうかは別にしても脅かし半分で怖がらせるのがな。本人はストレス発散のつもりかもしれないが、相手が怯えてコースを間違ったり、足を踏み外して滑落なんかしたら、これは立派な犯罪だからね」

だから女の人には特にＳＯＳのモールスぐらいは笛で憶えておいて欲しいという。

山での事件には大概、遭遇してきた大杉さんでも最近、恐ろしいことを聞いたという。

「それを聞いた時は……ああ、もうおしまいだなって思ったよ」

大杉さんは顔を強張らせた。

「北海道なんか特にそうだけど、山ってのは基本的に人間が熊の住処《すみか》に入っていくわけだよね。奴らが大事に住んでるところを勝手に入ってくわけでしょう。だから、どこから熊が現れてもおかしくないわけさ。そういう場所での我々の武器は何かっていったら、自分たちを襲っても何も得なことはないぞって思わせることと、集団で立ち向かうってことだよね。立ち向かわないまでも、テントを固まって同じ場所に張ることによって熊を一種、威嚇《いかく》できるわけだよ」

大杉さんの話によると、熊は元来、単独でしか行動しないという。集団行動をするのは子熊を連れた母熊だけで、雄や子のない雌は決して群れない。そして人間に対しては恐怖心を抱いているのだという。

ところがご多分に漏れず、昨今の環境破壊によって彼らの餌場が激減し、悪いことにゴミを捨てていくキャンパーが後を絶たないために、彼らのなかでもキャンプ地＝餌があると学習するものがいるという。

「そうなったら大変だよ。熊は賢いからね。人間なんか銃さえなければ弱いモンだってわかれば容赦なく襲ってくるよ」

熊は所有心が強く、一旦、自分の手に入れたものは決して離さない。

以前、熊の襲撃にあった登山部の学生たちがその後、熊が放置していった荷物を持ち帰ろうとしたため、追ってきた熊に数度にわたって襲われ、ほぼ絶滅した。

「熊は内臓を喰いにくるよ。そこが一番柔らかくって栄養があり、早く腐るのを知ってるから、生きたまま喰いたがるんだ」

大杉さんたちはキャンパーに餌となるゴミを絶対に捨てていかないように警告するが、守らない者も大勢いる。信じられないのは〈熊に餌づけ〉をする輩《やから》がいるのだという。

「熊ってのは突然、襲うことはなくて、敵の力量を見極めるために何度か姿を現すんだよね。それを熊が慕ってきてるって思うのか、気が狂ってるんだか……お菓子や果物をこれみよがしに置いてく奴らがいるのさ……信じらんないよ。もしそんなことして人間が餌持ってるって覚えたら、もうそんなとこには入れないよ。恐ろしくって……」

「人間＝餌ですものね」

「ほんとだよ。それに熊は賢いからね。今は一匹ずつだけど、そのうちに人間襲う時は団結しようってことになるよ。そしたら、ここなんか全滅、血の海だわ」

大杉さんは大雪山系にあるキャンプ場の写真を指さした。

そこは沼沢地で、地形がすり鉢状になっている。その底に色とりどりのテントが二十近く張られている写真だった。

「逃げ場はない。全滅するよ。そうなりゃ人と熊の戦争だ……可哀想に」

〈いつでも余計なことをするのは人間だ……〉

大杉さんは最後にそう呟いた。

公衆電話ＢＯＸ

携帯の充電が切れてしまったと、甲斐さんの彼が夜中、公衆電話から掛けてきた。

しばらく当たり障りのない話をしていると、突然、彼の様子がおかしくなった。

誰か別の人間と話を始めたのである。

〈吸わないから！　持ってないから！〉

〈あ！　なんだこれ！　うわあ！　オッケーオッケー！〉

電話が切れた。

心配していると三十分後、彼から電話が入った。

警察にいるのだという。

「どうしたの」

「いやあ、マイッタよ。強盗だよ。強盗」

「ええ⁉」

彼によると、突然、床が濡れたので顔を上げると覆面マスクの男が彼に向ってライターを突き出していた。

途端に、床に撒かれた液体の刺激臭がボックスのなかに充満して息もできなくなった。

灯油である。

男は【サイフくだちい】と書いた紙を見せた。

仕方なく彼はドアの下にある隙間からサイフを渡したのだという。

「すぐに追っかけようとしたけどドアをガムテープで塞いでやがんの」

財布には週末行くはずのディズニーランドのパスポートと、その費用三万円が入っていた。

「故郷《くに》じゃ、絶対に起きなかったのにな。こんなこと」

ディズニーの代わりになったおでんパーティーの鍋を突きながら、彼はすっかりしょげ返っていた。

テレビ

「夜中にふっと、点いてるんですよね」

渡辺さんがテレビの異常に気づいたのは去年の冬。

深夜になるとテレビが点いている。

「自分では消したはずなんですよ」

中央線沿線。賃貸マンションの三階に彼女は住んでいた。

「廊下の真ん中の部屋。１Ｋでした。それでもベランダがあったりして家賃のわりには広かったような気がします」

就職を機に今まで住んでいた木造アパートをやめ、通勤に便利なところをと思って見つけた部屋だった。

「けっこう、気に入ってたんですよ。大家さんのおばあちゃんが個人で持っている物件だったんで、壁紙なんかも自分の好きなものを貼っていいわよって言ってくれたりして」

快適だった。仕事は大変だったが、やはり少し家賃を無理してでも通勤に楽な場所を選んだのが良かった。

「本当に最初の三ヶ月ぐらいは帰って寝るだけの生活でしたから、通勤のために時間を取られていたらもたなかったかもしれないんです」

そんな時、テレビを消し忘れていることに気づいた。

「普段は部屋が静かでないと眠れないので、必ずテレビは消しておくんですけれど……」

やっぱり疲れているんだと思った。

トイレに行き、テレビを消すと再びベッドに戻った。

翌週、また深夜に目が覚めた。

テレビが点いている。暗い部屋に、ぼーっと通販番組が浮かんでいた。

消したはずだった。

「その時は確実に自分で、リモコンのスイッチを切ったのを憶えていたんです」

リモコンはベッドサイドの小物入れの上に、眼鏡と一緒に置いてある。

彼女はトイレに行くとテレビを消した。

何かちょっと厭な感じがした。

「理由はないんですけれど、その時、ぶわっと腕と背中に鳥肌が立ったんですよね」

テレビはベッドの足元に置いてあった。

学生時代から使っていた、なんのへんてつもない二〇インチ型テレビだった。

「もちろんデジタル対応なんてしてません。でもテレビを見る暇もなくなったから、全然気になりませんでした」

ある時、三日続けてテレビが点いていた。

さすがにおかしいと思った。

暫くして新入社員同士で飲む機会があった。その席で彼女は会社の同僚に「テレビが勝手に点くことがあるのか？」と訊いてみたが、みな一様に彼女の話を聞くと「絶対に消し忘れだよ」と笑った。

「そうなると、ちょっと自分でもムキになるところがあって」

テレビが点く瞬間を確かめてやろうと思った。

「ちょうど次の日が休みだったんで」

帰宅した彼女は、テレビの消えたことを確認するとベッドに潜り込み、ヘッドフォンで音楽を聴き始めた。

「学生時代、凝ってたヘビメタ。社会人になってからは少し縁遠くなってたんですけれど、こんな時に目を覚ましておくにはぴったりだと思って」

かなりの音量で聴いていたという。

時刻は二時をとうに回っていた。

普段なら寝ている時間だった。

「でもね、ヘビメタでもずっと聞いているると刺激がなくなってきて、やっぱり睡眠欲のほうが勝っちゃうんですよね」

瞼《まぶた》がとろとろに溶けたようになって眼球に貼り付いてきた。それを必死に持ち上げるような気持ちで睡魔と闘った。それでも徐々に目を開けていられる時間が少なくなってきた……。と、テレビが点き、部屋がぽっと明るくなった。

「あれ？」

思わず声に出していた。身を起こすと確かにテレビは点いていた。

まるで、テレビが自分で目を覚ましたかのような、ぼんやりとした点灯の仕方だった。

何かスイッチの辺りに問題があるのかと確かめてみたが異常はない。

リモコンにも触れていない。

彼女は暫くテレビのスイッチを点けたり消したりして試した。

テレビに誤作動するような気配はなかった。素人の判断ではそこまでだった。

「変なテレビ」彼女は溜息をつくと音楽を消し、横になった。

と、またテレビが点いた。

「今まで点いていて消したことはあったんですけれど、朝、また点いていたってことはなかったんですよね。つまり一回だけだったんです」

リモコンを掴むと、消した。

画面がふっと吹き消されたように暗くなった。

（ボーナス入ったら新しいの買おうかな……）

そう思った瞬間、再びテレビが点き、しかもボリュームがみるみるうちに上がった。

彼女は飛び起きるとリモコンを掴み、消した。

すると再び、点いた。

大音量で商品名を連呼する男の顔が映った。と、次の瞬間チャンネルが変わった。

彼女はリモコンを取り落としていた。

「怖かった。勝手にテレビが動き出したんだもん」

次々に変わるチャンネルと、その大音量でおかしくなりそうだった。

彼女はテレビの主電源スイッチを指で押した。

ぶっ。と音をたててテレビは消えた。

部屋は突然、静まりかえった。

気味が悪かった。今にもテレビから何かが飛び出してくるような気がして、布団にもぐりながらベッドの上、窓際に身を寄せた。

『オイ！』

突然、怒鳴り声がし、窓が叩かれた。

破裂したように身を引き離すと、カーテン越しに影があった。

ベランダに誰かいた。

そしてそれは、カーテンの隙間から彼女を睨みつけていた。

くっくっくっ……押し殺したような笑い声。

『……コロスゾォ』

窓ガラスが厭な音をたてて引っ掻かれた。

「もう、すぐ外に出るとタクシー掴まえて、大学の時の友だちの部屋に行きました」

友人の部屋から通報すると、すぐに警官がやってきた。

事情を聴き、彼女の部屋が調べられた。

男はベランダに侵入すると、彼女のテレビが作動するように携帯電話のリモコン機能を使ってイタズラしていたのだろうとのことだった。

「部屋、移ったほうが良いかもね」

刑事はぽつりと告げ、彼女は頷いた。


今、渡辺さんはセキュリティのしっかりした部屋に住んでいる。家賃はこれまでと変わらないが、その分、都心から離れ通勤時間が増えてしまった。

「もっと近くに越したいんですけれど、前みたいな防犯の緩いところは怖くて、絶対に無理なんです。近くて防犯もしっかりしているところは高くて……」

今でも深夜にテレビが点いていると胃がぎゅっと絞られるようになる。

「だから最近ではプラグを抜いて寝るようになりました」

彼女は寂しそうに笑った。

都会の遭難

「彼女も難しかった」

百井さんはカウンセラーとして活躍しているベテランだが、ある自己臭症で苦しむ女性の話をしてくれた。

「僕のところに来た時には既に、幻臭に近い状態だったんだけど。彼女はとにかく自分の躯が臭い、口臭が臭い、頭髪が臭いと思い込んで外出もできない。家族と食事をすることさえできないんだね」

周囲が臭わないと言っても全く効果がない。

「それは単に相手が我慢をしているだけだと受け取ってしまうから」

原因を探らなければならないのだが、これが頑として、ある時期のことは語ろうとしないのだという。

「精神科だと薬でどうにかということになるんだろうけれど、私はなるべくそうはしたくなかった」

何故なら彼女は何度も一旦、治ったかのように見えては再発を繰り返していたからだという。

「潮っぽい臭いがして、それがどんどん鉄臭くなって」

と彼女は呟いた。

青白く痩せた彼女はふっくらしていれば相当の美人に違いなかった。

「食事は満足に摂れないし、不潔恐怖で日に何度も風呂に入るから髪の毛も抜けてしまっていてね」

それでも彼の元に来た時には髪があった。

以前は頭皮を洗う邪魔だといって、剃り上げてしまっていたのだという。

「せんせ、内臓を洗う方法はありませんか？」

彼女の第一声がそれだった。

「どういうこと？」

「こう……口から胃から腸まで全部、汚れを取るような薬はないですか」

百井さんは唸ってしまった。

彼女の強迫がただものではないと実感したからであった。

病歴などを調べてみると、彼女は胃洗浄や腸内洗浄をヤミでやってくれる業者を探し出しては一回につき数万円の費用を払っていた。

そして彼女は家でも水を飲んでは嘔吐を繰り返す。

「ダイエットとかではないんですね。純粋に洗浄。その一点で突出しているだけに難しいケースだと思いました」


一年経ち二年目、彼女はポツリと妙なことを呟いた。

「人間は水だけでも三週間は生きるそうですね。めんどくさい。すぐに死ねれば良いのに」

「死にたかったんだ」

「死にたかった……死ねば良かった……でも、でも、それはそれだけじゃ悔しくって！」

そこまで喋ると突然、ワーッと大声で泣き始めた。

初めて感情が溢れた瞬間だったという。

それから彼女は自分の身に起きたことを語り始めた。


彼女は大学三年生の時、同じ大学のサークルの先輩と恋に落ちた。

はじめは順調だったが彼が就職活動に次々と失敗していくにつれて、ふたりの間でも喧嘩が絶えないようになった。

やがて夏休みに入る直前、ふたりの関係は終わった。

と、彼女のほうではそう理解していた。

しかし、彼は違っていた。

サークル内の噂で彼の第一志望は全滅したらしいと耳にした頃……。


夜、目を覚ますとベッドの足元に彼が立っていた。

「どうしたの。怖いわ」

彼は無言でナイフを取り出すと彼女を無理矢理立たせ、服を脱がせたという。

「とても抵抗できる雰囲気ではありませんでした」

別人のように冷たい目をした彼は彼女が少しでも抵抗する素振りを見せると、首筋や太股にナイフを強く押し当て、髪を切った。

泣きながら彼女が裸になると彼は風呂場へと追い立てた。

そして風呂に入るよう命ずると水を入れ始めた。

真夏とはいえ、水は冷たかった。

彼は嫌がる彼女の両手を手錠で蛇口に繋ぎ、足首にも手錠をはめた。

そのまま、水が溜まるのを待ったという。

彼女のマンションの風呂は追い炊きができる旧式で、蛇口がバスタブのすぐ上にあった。なので、しゃがんですぐのところに手錠を繋ぐことができたという。

「なぜ？　どうしてこんなことをするの？」

彼は答えなかった。

そして水が溜まった。

丁度、彼女の顎の真下まで水は入っていた。

彼の姿が消え、ＭＤコンポから彼女の好きなグループの曲が大音量で流れてきた。

そして全裸になった彼がやってくると無理矢理、風呂に入ってきた。

「もの凄く、きつくて」

ギュウ詰めだったという。

「オレはもう終わったから」

彼はひと言だけ呟くと、おもむろに持っていたナイフを顎の左下に突き刺し、そのまま右にノコギリを挽くように前後させながら移動させた。

血が吹きこぼれ、彼女に叩き付けられた。

息もできないほどの血に彼女はむせ、咳き込んだ。

彼の首からはホースのような白い管が飛び出していた。

既に目はどこか遠くを見つめているような彼の顔には、薄笑いが浮かんでいた。

巨大なささくれのように血を吐き続けている首は厭な方向へと傾いでいた。

彼の足の痙攣が密着した自分の足へしっかりと伝わってきた。

自分の陰部に当てられた彼の指先だけが、いつまでも動いているように感じられた。

水は赤黒く染まり、深いトンネルのように見えた。

痙攣《けいれん》がやがて小さくなり、彼の唇がゆっくりと口笛を吹くように丸まっていった。

びくびく……び。びくびく……ぴく……ぴく。

彼の動きが小さく、途切れ途切れとなり、やがてたまに動くだけとなった。
その時になっていきなり水が少し血で温かくなっているのに気づいた。
彼女は力の限り悲鳴を上げた。
一刻も早く助けて貰いたかった。
これで全てが終わったと錯乱しそうな頭の片隅で思った。
しかし、それは間違いだった。
全てはここから始まった。

「運の悪いことに、当時彼女が借りていた階は空き部屋が多くて、彼女を含めて学生がふたりきり。それとＯＬさんがいたんですが、学生は帰省してしまっていて、ＯＬさんは体調を悪くして実家に戻っていたらしいんです」

彼女が事件の記憶をもとに記したノートを見せてくれたという。
〈蛆《うじ》が既に二日目にして血水を泳ぎ始めた。
叫び続けたので喉がからから。

でも絶対にその水は飲まない〉

彼女は顎の下まで水がありながら飲めなかった。

手錠を外せないまでも、なんとか蛇口を捻ろうとしたが彼が固く締めたために、不自由な体勢ではどうしても動かすことができなかった。

彼は皮膚が伸びてきていた。目があっかんべえをしているようになり、濁った白目と黒目との境を溶かし始めていたという。

口から水に滴っている血が凝固し、棒のように伸びていた。

生魚の数倍も彼は臭ってきた。

その夜、ついに水を飲んだ。


そのうち蛆が彼女にも噛みついてきたという。

自分自身も意識が朦朧《もうろう》としていて力の限り叫んでいるつもりだったが、それは昏睡から時折覚めた時点での、微かな悲鳴にしかなっていないのではないかとも感じられた。

白い脂肪が水に浮く。彼の毛髪を蛆が動かしている。

ときどき「うっ」と彼が呟くのが怖い。

物凄く室内が暑くなっていた。
既に時間の感覚が失われていた。
臭い毛布で顔を撫で回されているような感じ。
気がつくたびに絶叫するが返事はなかったという。
既に彼は水面に顔を没している。
そこだけ皮膚が白い。
腐敗した耳は赤黒く蛆の巣になっていた。
蠅《はえ》が彼女の頭にも卵を産みつけていた。
天井から扉まで米粒を撒いたように蛆が這い回っている。
うっかりすると水と一緒に飲み込んでしまう。
既にこの水には腐乱した組織と自分の糞尿が混じっているのだと思うと吐いてしまう。
彼の躯が膨らみ始め、きつくなってきた。
足を伸ばすと泥に突っ込んだように彼の躯に足先が埋まる。
水が藻を掻いたように、さらにさらに濁る。

〈彼が破裂する。
目と鼻、口から大量の組織が垂れ下がる。
まるで蕎麦《そば》を吐き出したよう……〉
〈突然、彼が元気な姿になって私を許してくれた……が錯覚だとわかる〉
彼女の記録は大学ノート三冊分あったという。

「最終的に、連絡の取れない彼女を心配したご両親がやってきたのが、事件から十二日目のことでした」

彼は、ほぼ崩壊していたという。

彼女はなにやら大声で彼に話しかけていた。

両親を見ても彼女は、初めそれが誰なのかわからなかった。

部屋は蠅と蛆の王国になっていた。

彼女は直ちに実家に連れ戻され、大学は休学したものの復学はなされなかった。

相手への告訴、ならびに賠償請求も検討されたが世間の耳目を怖れ、両親は示談で決着をつけた。

「まだまだ治癒までの道のりは長いでしょうね」

百井さんは溜息をついた。

ナリスマ師

「あんた、この国で一年間にどれだけの人間が人知れず消えてるか知ってる？」

男はそう言ってドロリと濁った眼をさらに澱《よど》ませた。

「拉致《らち》っていったらどこぞの国の専売特許と思うかも知れねえけど、国内でもけっこうあんのよ。ま、飛ばされるヤツは金が払えなかったり、ヤバい橋を渡り損ねたり。またはあんまり知り合いがいねえ連中だけどな」

顔を近づけて囁くように話す言葉からは、ドブの臭いがした。

「けど、そんな連中だって急に消えちまえば怪しむヤツも出てくる。だから、稼ぐんだよ。時間を」

「時間を⁉」と問うと、男は〈トロいな、お前〉と嘲《あざけ》るような表情を浮かべた。

「消えた人間の替え玉を作って、連中が何変わりなく生活してるように偽装するんだよ。

当の本人はとっくに海外に売り飛ばされたり埋められたり沈められたり、使えるパーツごとに解体されて世界中に散らばっちまってるんだけどさ。世間さまにはそれがわからねえ。替え玉もプロだからよ。しばらく普通に生活して、やがて巧妙に世間からフェードアウト。誰も事件性を疑わねえ」

替え玉となる闇の仕事、仮にここでは〈ナリスマ師〉と呼ぶことにするが、彼らにもオーディションがあって、失踪者とそっくりの風貌を持つ者が選ばれるのだという。

「替え玉はアクターやアクトレスと呼ばれるが、ヤツらはひとりじゃねえ。チームで行動するんだ。メンバーがすごいぜ。例えば、失踪者が今までアクセスしていたSNSやネットバンク、ピザのネット注文まで、ありとあらゆるパスワードをハッキングしちまうハッカーや、本人の書き癖や考え方をそっくりコピーしてブログや日記を書き続けるライター、失踪者そのものの声を出して電話をかけるボイスチェンジャーとかさ。ネット時代はいろいろ面倒くせえからな」

こうした〈ナリスマ師〉のチームは、ひとりの人間が〝消されてしまう〟前から集められ、少しのタイムラグもなく失踪者に成り代わってしまうらしい。

「まあ、ヤツらにもランクがある。ハッカーやライターのトップなんてエリートサラリーマンそのものだぜ。ヘッドハントされるくらいだからな。アクターも自分の意思でオーディションを受けるクラスのヤツはそこそこ儲かってるはずだ。けどよ、悲惨なのは無理矢理アクターやアクトレスにされちまう連中だよ」

そうした人物はそれこそ自分も〝消される〟一歩手前なので拒否することなどできない。それに組織は彼らのことをハナから人間と思っていないので、外見が似た人物に化けるのではなく、失踪者に似せた顔かたちに変えてしまうのだという。

「失踪者に右腕がなかったら腕を切り落とす。火傷《やけど》の痕があったらガソリンぶっかけて火を点ける。その他、急激に老ける薬の注射と歯を一本残らず抜いちまうことで若い女を老婆にしちまったり、電パチでトロくしちまったり、癌やエイズにしちまったり……。結局、消されるのと変わらねえはずなのによお。ちょっとでも生き延びたいって思っちまうんだな、人間ってよ」

その中でも一番ヒサンだったのは？　と訊くと、男はグェェとドブ臭いゲップをした。

「アクトレスは二十歳そこそこの若い女でよ。美人じゃねぇけど可愛いってタイプ。それが失踪者が銀座のホステスだったから骨まで削って派手な顔に作り変えられてなあ。胸やケツもデカくしてすっかり夜の蝶よ。綺麗になったんだから良かったと思うだろう？　ところがとんでもねえ。組織は手術に金なんかかけちゃいなかった。どうせ半年ももてばめっけもんの消耗品だからよ。モグリの医者に闇手術させたんだな。案の定、四ヶ月目くらいから女はジクジク腐り始めた。痛い！　苦しい！　って泣くんだが、医者なんぞに行かれると足が付くから、組織の人間が張り付いて家に閉じ込めた。削った骨から菌が入ったんだろう。全身が黄緑色に浮腫《むく》んできた。胸やケツに埋め込んで膨らませた粗悪品のフーセンは破れてシリコンだかなんだか知らんもんが体内に流れ出した。それらは皮膚の下で粒状に固まったから、女の胸やケツはヒキガエルの皮みたいになっちまった。これが全身から膿を噴き出しながらわめくとチームの連中も気味悪がるから、最後はシャブ漬けにしておとなしくさせたさ」

それはヒドイ、と言うと。

「でも、消される側のヤツの中には実験動物として売り払われたり、新鮮なブツを提供するために毛髪、角膜、腎臓、肝臓の一部、骨髄、皮膚、そしてラストの心臓と、生きたままパーツをひとつずつ摘出されながら、一年近く世界を回ったヤツもいるからね。どっちがヒサンかは神のみぞ知る、だぜ」

アンタがそんな目に遭ったらどっちを選ぶ、え？　そう言って男は臭い息を吐いた。

リモコン

「見てみな」

光岡君が高田から不意に見せられたケータイには〈ただいま教室に到着いたしました〉とメッセージが表示されていた。

「なんだよこれ」

彼が問うと高田はニヤつきながら〈窓から顔を出せ〉とメールした。

「あれ……」

高田は光岡君に、自分たちのいる体育館から反対側の校舎を指さした。

「あの三階の窓」

言い終わらないうちに窓から男子生徒が顔を出した。痩《や》せた小男だった。

高田はなおもメールを送った。暫くすると窓の男がポケットから何かを取り出して見ているのがわかった。

「おま◎こぉぅぅ！」

男は叫ぶと逃げるようにして教室へ消えた。

「なんだよ、あれ」

光岡君は呆然としていた。

「リモコンだよ……俺の」

「りもこん？」


高田の話では窓から四文字言葉を叫んだのは中学の先輩なのだという。高田は高校生になってからはもちろんだが、中学の時から体格は大人顔負けだった。

「あいつ、鈴木。ズッキって呼んでンだ」

ズッキの家は母子家庭で市営住宅に住んでいた。高田の家はその市営住宅の裏で小さな鉄工所を営んでいる。

「小さい頃からあいつ、ほんと弱虫でなぁ」

ズッキは体が小さかったせいもあって滅多に同級生と遊ぶということはしなかった。

いつも自分よりひとつふたつ下の子供と遊んでいた。当然、高田も一緒に遊んだことがあり、ふたりは知り合いだった。

中学に入り、帰宅途中の草むらで生徒数人から殴りつけられているズッキを見つけた。高田は割って入り、殴るのを止めさせた……というよりも逆に有無を言わさずそいつらを殴って追い返した。彼らはズッキの同級生で高田より一年上だった。

「正義の味方じゃん」

「そうじゃねえよ。ただ、むしゃくしゃしてた時に、ぶん殴るのに都合のいい奴らがいただけだよ」

その言葉通り、今度は高田がズッキをいじめるようになった。不思議なことに高田がズッキに目をつけていじめているのを知ると他のいじめがなくなった。ズッキは高田専用の〈獲物〉になったのだ。

今では朝起きてから寝るまでの時間、逐一《ちくいち》ズッキは高田に行動を報告し、必要であればなんにでも〈使う〉ことができる。

高田は昼食になると〈メロンパンとコーヒー〉と打つ。暫くすると彼らが溜まり場にしている体育倉庫の裏にズッキがやってくる。〈ラーメン〉と打つと学食からドンブリを持ってやってきた。少しでも遅れたり、麺が伸びていると正座やモモカンと呼ばれる太股の急所を蹴り上げられたりする。ズッキはアッと呻きながらも痛みに耐える。その顔が面白いと言ってまた殴る蹴るの繰り返しだった。

町へ出て〈リモコンナンパ〉もさせた。

高田が気に入った女を指さすとズッキが代わりにナンパをしに行く。成功するはずもないのだが、残酷に無視されたり、時には叩かれたり怒鳴られたりするズッキを見て楽しむのが目的だった。

「でも全然、嫌がってる風には見えませんでした。喜んでるわけじゃないけれど変な関係ができあがっていたと思います」

高田は〈リモコン万引き〉もさせていたという。

ズッキは高田に命じられるままに万引きを繰り返していた。そしてある日、書店で写真集をパクッたのを店員に見つかったズッキは店外に飛び出し、危うくトラックに轢《ひ》かれそうになった。本は全て店内に捨ててきたので騒ぎにはならなかったが、ズッキは高田に〈リモコン万引き〉だけは止めて欲しいと初めて抵抗した。高田はズッキにヤキを入れたが、ズッキは万引き以外ならなんでもするから、とにかく許して欲しいと言い張った。

「以外ならなんでもするのか」

「はい」

「絶対だな」

「はい」

「じゃあ、明日の朝までに犬の首を持ってこい」

ズッキは驚愕《きょうがく》して高田の顔を見つめた。

「できなきゃ、あの本屋にもう一度行かせる」

高田はそう言い放つと立ち去った。

翌日、高田の鉄工所の脇に濡れたコンビニ袋が置かれた。犬の首があった。

「たぶん、それで初めて高田はズッキにビビッたんだと思います」

高田はズッキを捨てた。

「あいつ変態だぜ」高田はズッキを薄気味悪がった。袋を発見したのは高田本人だった。

まさか本当にやるとは思っていなかったので血でごわごわになった毛と苦いような臭いのぷんぷんする袋を開けた瞬間、高田は吐いてしまったと光岡君に言った。

二日後、ズッキから高田の携帯に〈命令は？〉というメッセージが入った。それを無視していると翌日、また犬の首が届けられたという。

「高田の話では近所で犬が殺されたっていう噂は出なかったのでズッキの奴、だいぶ遠くまで行ってやってるんじゃないかって言ってました」

〈クビトドキマシタ？〉〈クビミマシタカ？〉〈モットイリマスカ？〉〈マダタリマセンカ？〉〈ドウスレバイイデスカ？〉

高田は無視し続けた。

首はポツリポツリと届けられた。時にはふたつ入っていることもあったという。

ズッキは自分からやってくることはなかった。ただ気がつくと彼を窓からジッと見つめていたりした。そんなある日、高田が遂にキレ、ズッキを半殺しにしたのだという。

「溜まり場で滅茶苦茶に殴りつけてました」

「おまえ、今度、近寄ったら殺すぞ！」高田が倒れ込んだズッキにそう宣言した。

ズッキは学校に来なくなった。

夏休みに入り、首は届けられなくなった。

二学期になっても、ズッキは欠席したままだった。近所でも彼の姿を見かけることはなかった。

「案外、おふくろさんの故郷とかに戻っちゃったんじゃないの」

いつものように光岡君と高田が並んで体育倉庫の裏に行くと、ひさしの陰にドンブリがあった。学食のドンブリが置いてあるのだが、ラーメンのなかに腐れた犬の首が生えていた。

「全身の毛がサーッと立って……」

その時、高田の携帯が鳴った。

〈ドウスレバユルシテモラエマスカ〉とメッセージが入った。

高田はとっさに〈シネ〉と打った。

すると柱の陰で着信のメロディーが鳴った。高田も光岡君も動けなかった。人影が出てきた。真っ青な顔をしたズッキが包丁を手にゆらりゆらりと揺れていた。腰の周りには中身の詰まったコンビニ袋をいくつか下げていた。オレンジと赤に濡れていた。

ズッキはふたりを睨《にら》みつけたまま、ものすごい速さで近づくとドンブリの首を掴み、半ば腰を抜かしていた高田の口にその糸引き粘る死骸《しがい》の鼻面を突っ込んだ。

光岡君は這うようにしてその場から逃げると職員室に飛び込んだ。

駆けつけた教師にズッキは捕らえられ、嘔吐《おうと》したまま気を失いかけていた高田も見つかった。その後、高田は転校し、ズッキは病院に送られた。

そろそろズッキは出てくる。

コンビニ

「今でも絶対に信じていないんです」

ユウコは二年前、当時付き合っていた彼とドライブに出た。

「清里に行ったんです」

翌日が休日だったこともあって彼らは夕食を済ませてから現地を出発した。

すぐに高速で帰るのも良かったが、それじゃ味気ないという彼の提案で下を少し走ってから高速に乗ろうということになった。車は幹線道路を離れて山間を走り出した。

コンビニの灯りが見えてきた。

「お腹減らない？」

彼は店の向かい側に車を停めた。

「私は大丈夫」

「オレ、ちょっと買い物してからトイレに行ってくる」

彼はそう言うと小走りに店内へと消えた。

店の名は聞いたこともないものだった。たぶん、チェーン店とかではなく自主コンビニというやつだなと彼女は思った。昔、バイトしていた酒屋も自主コンビニを始めていた。理由は有名チェーン店だと本部に払うお金が高くてもったいないからということだった。その店では税金を誤魔化すため、地下に〈隠し倉庫〉を持っていた。売り上げを抜くためだった。

彼女は暗い夜道を眺めていた。ポツリポツリとフロントガラスに水滴が落ち始めた。

ＣＤの曲が続いた。もう五曲ぐらい流れた。デジタル時計は十二時を過ぎようとしていた。彼が入って行ってから三十分近い。

（遅いなぁ……）

彼女は座席のなかで伸びをすると店を見た。

彼の姿は見えなかった。

突然、店のシャッターが下ろされる音が響いた。店長らしい男が彼女の乗る車を一瞥《いちべつ》するとシャッターを閉めた。

彼女は車から降りると店に向かった。

「すみません！　すみません！」

シャッターを叩いた。

返事はなかった。

お弁当の配送ケースや段ボールが積まれている横手から裏に回ると男が出てきた。

「あの……男の人、見ませんでしたか？」

「どんな？」小太りの男は眉をひそめた。

彼女は彼の特徴を説明した。そして、店のなかに買い物に行ったことも……。

「その人ならガムだけ買って出て行ったよ」

店長は原付バイクのスターターをかけた。

「もうずいぶん前に出て行ったけどね」店長はそう言い残すと走り去った。

唯一の照明であった店の看板も落とされ、周囲は真っ暗になった。

「ねえー！　どこ行ったのぉ！」

店の裏手は林になっていた。

彼女はそこを進んでみた。隠れているような気がしたからだ。

その時、クラクションが二度鳴った。

彼女は足場の悪い道に靴を取られながら、車に向かった。

誰もいなかった。

「ねぇ！　どこにいるのよ！　ふざけるのやめてよ！」

彼女が叫び終えると周囲にはまた辛い静寂が戻ってきた。

「なんなのよ～。なんなの～」

彼女は道路の上にしゃがみ込んだ。どうして良いのかわからなくなった。

なんでこんなことになるのかわからなかったし、もし冗談でされているなら彼を嫌いになりそうで、それが怖かった。

雨が強くなってきた。

彼女は車のなかに戻るとクラクションを鳴らした。

ふと思いついて携帯をかけようと思った。呼び出しが続くと留守電になってしまった。

〈もしもし……どうしたの？　怖いから早く帰ってきて〉

彼女はそう言い残すと、車のなかから辺りの様子を見ていた。

樹ばかりだった。

なんでこんなとこでコンビニなんかやってんだろう……。あの店長、気味が悪かった。そう考えると窓ガラスを誰かが覗き込みにくるような気がして怖くなり、全部にロックをかけた。当時、彼女は完全なペーパードライバーだった。運転など忘れてしまっていた。彼に代わって車を走らせて探し回るなどできるわけもなかった。しかも道は暗く、雨まで降ってきているのだ。

彼女は泣き出した。泣いて泣いて泣いて……そして決めた。

もう一度探して、いなければ誰かに電話する。そして警察を呼んだほうがいいかどうか相談する。そうしよう……。彼女はグローブボックスにある懐中電灯と後部座席のビニール傘を掴むと、エンジンを切って外に出た。

どこを探すといっても店の周辺しかなかった。彼女は再び裏手に回った。

暗かった。懐中電灯の灯りは電池がないのか既にオレンジ色の頼りない色しか見せなかった。林の中を探している時、途中で消えたら困るなと思った。

彼女はもしかすると店のなかで、トイレとかで倒れているのじゃないかと思った。あの店長は客が入ったのも気づかずにいたのかもしれない。そして彼はそこで何かあって気絶していたら……。彼女は携帯を鳴らしてみた。

すると聞き覚えのある呼び出し音が背後から聞こえた。
林の奥だった。
彼女は彼の名を呼んでみた。
返事はなかった。
留守番センターに切り替わってしまった。もう一度リダイヤルした。
着メロが聞こえる。彼女はそれを頼りに進んだ。
すると彼の背中が見えた。
「何やってんのよ！」
ホッとしたのと同時に彼女はキレた。
彼の背中に向かって駆け寄ろうとして……立ち止まった。
地面がなかった。
彼は空中に浮いていた。
正確には首に回した紐で林から崖になっている一番端の樹にぶら下がっていた。
彼女は絶叫した。

一一〇番の連絡を受けて警察が来たのは電話をして一時間近く経ってからだったという。その間、彼女はひとりで車にいた。

警察の調べで彼は自殺ということになった。

彼女も両親も絶対にありえないと言い張ったが、警察はそれを覆そうとはしなかった。

「深い悩みほど人は口に出して言えないもんなんだよ」と捜査を担当した刑事がしたり顔で言った。ユウコは絶対に信じていなかった。

「だって足元にコンビニの袋があったんですよ。おにぎりふたつとポテトチップ。それにガム……自殺する人間がそんなもの買いますか?」

「警察はなんて?」

「自殺する人間の心理状態は常識でははかり知れないって……絶対に完全犯罪に成功したって喜んでいる奴があの辺りにはいます。そしてそういう奴らは絶対またやると思う」

ユウコはハッキリとそう言い切った。

内職

立花さんは先日、飲み会で遅くなり、深夜タクシーで帰宅した。

「本当は家が遠いから損なんですけれど、サウナとかに泊まって翌日も同じ服で出られませんから」

彼女を乗せた初老の運転手は不思議と話上手だった。

たぶん、タクシー代が高いといったことも酔いに任せて口走ったのではないかと彼女は言う。すると、運転手が妙なことを言い出した。

「いいですよ、マケますよ」と言う。

驚きつつも喜んだ立花さんに、運転手は「その代わり……」と続けた。

「変なことなら厭だなぁと思ってたんですけれど……」

運転手は黒い折り紙を渡すと、鶴を折ってくれないかと頼んだという。

「実はね……呪い殺したい奴がいるんで千羽鶴折ってるんです。なるたけ数が多いほうが効き目があると思ってね。いや、ひとりやふたりじゃないもんで……一家皆殺しにしてやりたいんです」

「はぁ……」

「折ってくれたら……一羽、百円で買いますから、やってくれますか?」

彼女は頷くと、黙々と折り続けたという。

「運転手さん、誰が嫌いなんですか?」

「女房の家族。婿養子なの、私。ジジイは去年、癌にして殺した。効き目あるよ」


「で、いくら折ったの?」

「六十三。でも形が悪いってはねられたから五十羽。降りがけに〈ネーチャン、欲がないね。このあいだのホステスは、新宿から保谷までで百羽折ってったよ〉と言われたわ」

交差点に立つと、たまにあの運転手を無意識に探すことがあるという。

芋けんぴ

「小学校の五年ぐらいの時なんですけれど……」

水野さんのクラスに転校生がやってきたのだという。

「暗い子で片目に眼帯をしていたんです。先生の紹介が済んだ後、自分で挨拶するように言われたんですけれど……」

蚊の鳴くような声で誰も聞き取れなかった。

「もう少し大きい声で」

先生に促されても彼女はそれ以上口を開こうとはせず、黙って教壇の上で俯いていた。

「もういいわ。水野さんの隣が空いているから、そこになさい」

口を利かない子だったという。

「教科書を持っていなかったから〈一緒に見よう〉って差し出しても……」

遥か彼方から横目でチラチラと掃くように見るだけで、後は傷だらけの机の上に視線を落としていた。

【ジュウベエ】というあだ名がついた。

「柳生十兵衛《やぎゅうじゅうべえ》からとったのよ」

彼女は授業中、ほとんど居眠りをしていた。

給食の時だけは生き生きしていたがそれ以外はボーッと過ごし、男子が軽く蹴ったり殴ったりしても感じていないのか、転べば立ち、押されれば暖簾《のれん》のように揺れるばかりという手応えの無さで反応していた。

当然、友だちはできなかった。

「遊びにくる?」

ひと月ほどした頃、急に水野さんは彼女に誘われた。

「一瞬、迷ったんですけど、ああ、この子にはやっぱり私しか友だちがいないんだなぁと思うと断れなくて」

その日いったん家に戻ると、待ち合わせた公園に向かった。

ブランコにひとりで揺れていた彼女は水野さんの姿を見ると駆け寄ってきた。

「良かった。来ないかと思った」

ふたりは近くの木造アパートの一階へと連れ立っていった。

「なかは昼間だっていうのに暗くてね」

周りを建物に囲まれているその部屋は、地下室のようにひんやりとしていて湿気ていた。驚いたことに、部屋のなかはゴミだらけだった。

「本当に散らかってた。臭くて何かが腐っているようだったし、瓶とか紙くずとか新聞とか、後は食べ残しに汚れた下着、おむつ、そういったものが溢れてたわ」

部屋の中には子供がふたり。ひとりは赤ん坊でひとりは幼稚園生ほどに見えた。

ふたりを弟だと紹介したジュウベエは、ゴミを踏みつけながら彼女に手招きした。

カラーが薄まってモノクロになってしまったような映りの悪いテレビには、ファミコンがセットされていた。

「マリオやろう」

ジュウベエはスイッチを入れた。

ファミコンをしたことがなかった水野さんは、好奇心も手伝って部屋の汚さなどを我慢してゲームを始め、やがて熱中してきた。

その時、襖《ふすま》が開いた。ジャージ姿の女が立っていた。

「おかあちゃん、友だち……。水野さん」

ジュウベエが慌てたように彼女を紹介した。

山姥《やまんば》のように髪を振り乱した女は何も言わずに彼女たちのいる部屋を横切り、台所で咳き込むと大きな音をたてて口から何かを吐き戻した。そして、ひとしきり水を飲み終え、戻る最中に寝ている赤ん坊を蹴った……というよりも踏んだように見えた。火のついたように赤ん坊が絶叫すると、女は〈ああ、よしよし〉と抱き上げ、あやし始めた。

「それが何か不自然な抱き方なのね。大切に扱っていないというか。わざと乱暴にしているのじゃなくて……う～ん、なんて言えばいいんだろう。元から大切に扱う心が欠如してるような」

赤ん坊はぐらんぐらんと神輿《みこし》のように腕の中で掻き混ぜられていた。

ジッと見ているわけにもいかず、水野さんがゲームに集中し直そうとした瞬間、鈍い音がした。女があやそうと躯を左右に捻りながら室内を歩くうち、赤ん坊の頭を柱に打ち付けた音だった。

赤ん坊の泣き声がやんだ。

「ああ……ちょっと痛かったけど止まった止まった。あは、泣きやんで良かった」

女は乱暴に赤ん坊を畳に置くと、隣室に戻っていった。

赤ん坊は目を大きく見開いたまま、両手を宙に上げて震え、ゆっくりと目をつぶっていった。声も出ず赤ん坊を凝視していると、ジュウベエに腕を引かれた。

「だいじょうぶだいじょうぶ。よく踏んじゃうの、おかあちゃん。そそっかしいからね」

水野さんは家に帰ると言った。

ジュウベエはその言葉に慌てて何度も、怒ったの？　怒ったの？　と訊ねたという。

「ううん。そんなことない、そんなことない」

彼女はゴミを踏みながら玄関で靴を履いた。

ジュウベエも送るからと並んだ。

弟が黙って見送りに立っていたのだが、生気のない青白い顔から躯へと視線を移動させた時、水野さんはハッと息を呑んだ。

「指が三本しか残ってないんです」

弟はカリントウのように細い指をみっつ、開け閉じして〈バイバイ〉と呟いた。

「おかあちゃん、そそっかしだから……」

公園のベンチでジュウベエはそう言った。

「弟もよく踏まれてた。今の赤ちゃんの他にもふたりいたけど、あんまり踏むから死んじゃった。躯、弱かったんだね、きっと」

「おとうさんは？」

ジュウベエは、見たことないし知らないと首を振った。

「弟の指はおかあちゃんがドアを勢いよく閉めたり、包丁でリンゴ剥いたりしてる時に切れて、だんだん無くなっていった。私の目もね……。これなんでやったと思う？」

ジュウベエは眼帯を外した。

縮んだ真っ赤な目の中に浮かぶ黒目があらぬ方向を見ていた。光彩の真ん中が噴火したように裂けていた。

「芋けんぴ……知らない？　お芋のお菓子なんだけど。テレビ見てて振り向いたら刺さっちゃった。おかあちゃんはほっぺに当てるつもりだったんだ。失敗しちゃったんだね」

次の日からジュウベエは学校を休み、翌週には転校してしまった。

「一番下の弟さんが亡くなったので、実家に帰られるそうです」

お別れの挨拶の時、先生はそうクラスのみんなに発表した。

ジュウベエはずっと俯いていたが、水野さんと目が合った時だけ小さく手を振った。
その後は知らない。

百目婆

植木君は去年の暮れ、新宿で酔い潰れた。

お得意さんの接待で二軒ほどはしごをしたところで、相手が「昔から一度は行ってみたかった……」というG街へと繰り出した。

彼も過去に一、二度、知り合いに連れてきて貰った程度だったので、どこの店が良いか見当もつかず、適当な店に入ることにした。

「そこはふたりのおかまがやっているスナックで……」

足を踏み外せば、そのまま下まで一直線というような急な階段を上がると、カウンターにスツールが四つ、奥に申し訳程度の小上りがついている店だった。

「いらっしゃい」

還暦を十数年前に過ぎたようなおかまは、愛想良く彼らを歓迎した。

みんなで乾杯をし、カラオケになった……彼の記憶はそこまでだった。
気がつくと路地にひとり転がっていた。
頭痛が酷かった。
小雨が降っていた。
排水の饐《す》えた臭いが躯の芯までからみついているようだった。
彼は立ち上がろうとして失敗し、その場で少し吐いた。
「財布も鞄もあったんで自分でそこまでは歩いて来たんだと思う」
突然、強烈な寒気に襲われ、歯の根も合わぬほど震えた。
〈早く帰らなきゃ……〉
頭ではわかっていたが躯はぐにゃぐにゃしていうことをきかない。
「まずいなぁ……」
大人になって治まったとはいえ、喘息《ぜんそく》の持病がある彼は不安になった。
不意に雨が遮られた。
顔を上げると、傘を差し掛けてくれた者があった。
暗くて顔までわからないが、黒っぽいレインコートを着た女がいた。

「ありがとう」

女は彼に手を貸すと、すぐ横の店へ引っ張り込んだ。

そこは先程のスナックと変わらない大きさだった。

ストーブがあかあかと燃えていた。

他に客の姿はなかった。

女は彼を奥の小上りに座るよう指示してなかに消えた。

「普通なら、そこで何か感じたんでしょうけれど……」

酔った脳味噌は、ただひたすら家に帰って眠ることだけを考えていた。

おまけにコンタクトが片方、ずれてしまったのか外れてしまったのか、視野が中途半端にぼやけていた。

座っている畳がゆっくり持ち上がっては下がる、持ち上がっては下がるという酩酊時特有の感覚がやってきたという。

店が暖かいことも手伝って、彼は大の字に寝転がると目を閉じた。

〈……戻ってくれば起こしてくれるだろう〉

そうしたら礼を言い、一、二本ビールでも頼むフリをして時間を潰しながらタクシーを呼んで貰うつもりだった。
そんなことを思い巡らせているうち、いつの間にか寝てしまっていた。

何かが足に触れていた。
目を開けると，依然として視野はぼやけていて、店内は薄暗くなっていた。
女が手を伸ばし、彼に触っていた。
「あ、なに？」
女は顔を隠すように垂らした長い髪の隙間から彼を覗いていた。
四十ぐらいかと思っていたが顔は皺々《しわしわ》だった。
植木君が身を起こすのと女が黒いレインコートをパッと脱ぎ捨てたのが同時だった。
女は全裸だった。
が、その野良犬のように痩せさらばえた躯には無数の目がついていた。
「たぶん灯りの関係だったんでしょう。本当に一瞬、そう見えました」
息を呑みつつ見直すと、それは目玉のような磁石のついた丸い絆創膏だった。
手足だけでなく、胸にも腹にも、顔にも、それこそ全身が埋め尽くされていた。

「……円！　◎×円！」

女はからむような調子で金額を叫び、首に噛みついてきた。

黴《か》びたような口臭と思わぬ激痛に我に返った彼は女を払い落とし、鞄を掴むと立ち上がった。

女は彼の腰にしがみつき、なおも喚いた。

「はなせ！　やだよ！」

ふたりは揉み合いになった。

女の躯はまったく頼りなく、まるでクラゲと格闘しているようだったという。

「皮膚がぶよぶよしていて、押せば押しただけ指が沈み込むような感じでした」

やっとの思いで女を振り払うと彼は外に飛び出した。

路地を抜けて振り返ると、裸の老婆が陰毛丸出しで追ってくるのが見えた。

白く溶けたような皮膚が皺だるみ、何百もの絆創膏と共に揺れていた。

植木君は悲鳴を上げた。

「本当に怖かった」

彼は裏通りを闇雲に駈けずり回り、通りかかったタクシーへと飛び乗った。

帰宅した時には既に六時を回っていたという。

結局、彼はその日から風邪をこじらせ、二日ほど欠勤するはめになった。

「新宿の端っこは、もうこりごりです」

植木君は苦笑した。

麻酔

歯医者で親知らずを抜いた。
「麻酔が切れるまで、ものは食べないでくださいね」と言われた。
帰ろうとすると仲間から飲み会の呼び出しがあった。
懐かしい仲間もいるという。
仕方なく出かけると、皆で焼肉を食べていた。
手術のため昼飯を抜いていたのでお腹はペコペコだった。
頬に触れるとまだ感覚はない。
一枚ぐらいならと焼いて食べた。
美味かった。
なんだ、食べれるじゃないか。

ご飯を貰い、ガツガツ食べていると妙なことに気がついた。
噛みきれない肉がある。
皆の手前、吐き出すわけにもいかないので頑張って食べた。
五分後、ものすごい激痛がやってきた。
舌だった。

サイコごっこ

「なんであんなこと思いついたんだろう……って、今は思います」

今井さんはそう高校時代を振り返った。彼女の通っていたのは県有数の進学校だった。

「ミノリっていうんですけど、クラスが隣で塾が一緒だったんです」

二年の冬から三年にかけて彼らの進学競争は激化する。理想と現実のギャップが毎週、突きつけられ、まだ完成されているとはいえない人格にそれらは残酷にねじ込まれていく。

「クラスの席が成績順に並べられて毎週のテスト結果で動くんですね」

当然、そういった現実を抱え切れない者たちはドロップアウトしていく。教師が彼らを積極的に救うことはなかった。

「よく先生の言っていた言葉が〈落ちこぼれという汚れは洗っても落ちない〉でした。やる気のない奴は何をしても無駄だという意味で使われていました」

ミノリは学年でも五指に入る成績を常にキープしていた才媛だった。それでも両親揃って東大出という家系もあってか、彼女はトップになれないことをとても気にしていた。

「このままだとお茶〈お茶の水女子大〉しか行けないって本当に悩んでました」

彼女の三つ上の姉というのが塾内で〈怪物〉といまだに教師の口にのぼる天才だった。

「何しろ受験当日間際になって風邪をひいてしまって四十度の熱があったのにその週に受けた慶応、お茶、上智を全合格した上に東大に入ってしまったんです」

ミノリは当然、その一家では〈落ちこぼれ〉だった。

ある時、今井さんはミノリから変な遊びに誘われた。

「喃語《なんご》っていうんですか？　赤ちゃんが喋るような言葉。あれよりももっと支離滅裂な、ただ勝手に口が動いて音を出すような言葉で話し合うんです」

ミノリの話ではそういったことを十分ほど続けると頭がカラッポになって〈スッキリする〉のだという。

「私の悪い癖は勉強中でも一端、休憩に入るとずるずる長くなってしまうんですね。だから丁度いい気分転換の方法はないかってミノリに聞いていたんです。いい方法があったら教えて欲しいって」

それがその滅茶苦茶言葉遊びだった。ミノリの部屋で、ふたりは膝がくっつくほど向かい合うと互いに滅茶苦茶言葉で喋り出した。

「はじめは照れるけど、やってみると不思議な感じで」

それは思いがけないほどスッキリしたという。

「うまく言えないけれど、ゲームをクリアした時みたいにポカーンと頭のなかが軽くなるのね」

ミノリはそれを姉から教わったという。

ふたりは偶然、それを学校の帰り道にやってみた。すると周囲の人が目を丸くしてふたりを見ていた。恥ずかしかったが続けていると他人は勝手にそれが何か外国語を話しているのだと解釈したり、ただ単に呆れて去っていったりした。

「快感でした。人を驚かす嬉しさみたいな。単純なんですけれど」

それから彼女たちは観客の前でそれをすることに病みつきになった。

〈サイコごっこ〉とそれを名づけた。

彼女たちは知らない町へと遠征していった。さすがに知り合いに見せることはできなかったからだ。また喃語以外も試した。道でただ単に叫んでみたり、透明人間を仮想して三人で話しているような感じでコンビニや商店で買い物をしたり、次から次へと新しいことを生み出しては実行していった。

ミノリはそういったことを思いつく天才だった。


終わりは突然、やってきた。

ある初めて行った公園でいつものように叫び声を上げて〈狂ったふり〉をしていると〈今井だろ?〉と声をかけられた。背のすらりとした青年が手にサッカーボールを持って立っていた。中学の時に憧れていた先輩だった。

「ひさしぶり。何叫んでンだ。芝居の練習かなんか?」

今井さんは耳たぶまで真っ赤になった。

「ほんとにあの時は死にたいぐらい恥かしかった」

そう語る今井さんの耳が今でも赤くなった。

彼女はそれ以来、〈サイコごっこ〉を止めた。

勉強の効率は〈サイコごっこ〉をしていた時のほうが良かったかもしれないが、またどこかで誰かに見られると思うと楽しめなくなってしまっていた。

そんな彼女をミノリは裏切ったとなじった。

「もうふたりセットになっているんだから……勝手に辞められたら困るって怒ってました」

それでも今井さんはやらなかった。

ミノリさんから家に頻繁に電話がかかってくるようになった。出ると〈サイコ言葉〉で怒鳴り散らしてきた。教室の机のなかにミノリが描いた〈サイコな残酷絵〉で埋め尽くされた分裂気味のノートが入れてあったりもした。

ある日、今井さんはミノリに直接、絶交宣言した。頭にきていた。受験を控えて互いを振り回し合う関係にもう意味はない。割り切ろうと決意した。

ミノリはあっさりとひき下がった。電話も接触もなくなった。目の前を通っても〈透明人間〉にされてしまっているのか目もくれなくなった。

その頃になるとミノリの成績は常に一番か二番を占めるようになっていた。今井さんにはミノリがひとりで〈サイコごっこ〉を続けているのだという確信があった。

〈あんなことを続けてまで成績を上げたくないな〉今井さんはそう思うようにした。

ある時、今井さんは信じられないことを耳にした。ミノリがクラスメートを突然、殴ったというのである。

「あの子は絶対そんなことをするようなタイプじゃなかったんですね。暴力なんて野蛮人の振るうもんだって。殴るより殴られて相手を嗤《わら》ったほうがマシだって考えるようなタイプだったと思います」

そんなミノリが殴ったのだ。理由は〈空が広いから〉。

「冗談じゃないかと思ったんですけれど、本当だったようです」

幸い大した怪我もなく、ミノリ自身、謝罪したことで騒ぎになることはなかった。しかも、ミノリは今や学校の大事なエリートであった。学校側が好きこのんで大騒ぎするはずもなかった。しかし今井さんは時折、廊下の隅でクラスメートを暗い目で見つめているミノリや、喃語に似たひとりごとが流れてくるトイレの個室から出てくる虚ろな表情のミノリを見る度、〈厭な感じ〉が募っていった。

ある時、たまには気分転換でもと父親が、友達と遊園地へ出かけなさいと券を買ってきてくれた。夕方の閉園間際まで楽しんだ彼女たちは、食事をしようと自宅近くの駅のホームにいた。

その時、目の端に不審な影がひっかかった。気がつくとミノリがホームの柱の影に立っていた。電車を待っているという感じには見えなかった。乗客を避けるようにしているその姿勢からは何か〈別のもの〉を待っているように感じられた。

「ゾッとしました」

ミノリの目はイッていた。

その時、ホームにアナウンスが響いた。

〈まもなく二番線に上り電車が参ります。白線まで下がってお待ち下さい……〉

電車がホームへ滑るように入ってくる直前にミノリは動いた。

ホームの縁に立つ老婆の背後へ駆け寄り……。

「ミノリ！」

今井さんはとっさに大声を上げた。

両手を前に突き出す瞬間、ミノリは今井さんに気づき、手を止めた。

電車が停止し、乗り降りが始まった。

ミノリはにやりと笑うと階段を駆け上がっていってしまったという。

「結局、彼女、休学してしまったんです。どこへ行ったかはわかりません。家族も引っ越してしまったから……ただ、ミノリの家の近所の子が引っ越しのある少し前に救急車でひどい怪我をしたお姉さんが運ばれていくのを見たそうです」

ミノリの実家は廃屋となった。今でもその家の塀や壁に奇怪な落書きが消えてはまた登場することがある。

No.4

宝生さんは友達の話をしてくれた。

「その子は高校の時の同級生だったんだけど。去年、偶然街で会ったのね」

高校時代はスポーツ万能でならしていた友達は、すっかり様子が変わっていた。

「なんか、大人しいっていうか暗くなってたの。ベリーショートが当たり前の彼女だったのに、肩まで髪も長くしていて……」

通勤駅が同じだということもあり、たまに会って食事をするようになった。

「ところがね、今、住んでいるところを絶対に教えようとしないの」

結婚はしていない、それどころか彼氏もいないのだと、彼女は淋しそうに語った。

「学生時代は陸上部のキャプテンもしていて、本当に活発な子だったから。どうしてそんなに消極的になっちゃったのか不思議でしょうがなかったのね」

そしてある日、その疑問をぶつけてみた。

「何か問題を抱えているのは間違いないと思うけれど、力になれることがあったら協力するから」

宝生さんはそう付け加えた。

友達はしばらく黙っていたが、やがてぽつりぽつりと話し出した。

「わたし、なんか知らない間に売られてたみたいなの……」

大学四年の秋。

友達は、内定していた会社への通勤に便利なところへ引っ越したのだそうだ。

「本当はもう少し後でも良かったんだけど……。不動産屋さんに連絡していたら、偶然会社から電車で十五分ぐらいのところに空きが見つかったの」

大学へは逆に時間がかかる場所にあったが、どうせ半年後には通勤するんだと思い、彼女は引っ越しを決めた。２Ｋで十万円というのも魅力的だった。

「マンションは築十年ぐらいで、まだそんなにボロでもなかったし、わたしもその頃はあんまりそんなことにこだわるほうでもなかったから」

不動産屋と見に行った翌日には引っ越しを決めていた。それから半年後、無事、彼女は大学も卒業し、準備万端のスタートを切ることができた。

「会社の研修が思いのほか厳しかったから、本当に会社の近くで助かったと思ったわ」

新人は八時の朝礼の二十分前に集合、それからさまざまな研修が所属部署ごとに行われ、夜は講習、レポートは即日提出というハードスケジュールだった。

「だってその研修中に、男子がふたり辞めたぐらいなの」

それでも彼女は辛い研修を乗り切った。

「でも研修が終わって少しは楽になるかと思ったら……」

会社は徹底した現場主義で、翌日から即戦力として動かされることになったという。


それに気づいたのは夏が過ぎ、秋の気配が濃厚になった十月のことだった。

「朝は飛び出していって、夜は帰った途端にバタンキューで、化粧も落とさないでベッドに倒れ込むようなことが多かったから、あまり注意して部屋の変化を見ていなかったの」

実際、たまの休日でも掃除や洗濯をしているとあっという間に夕方になってしまい、うかうかしていると寝る時間になっていた。とてもじゃないけれど、音楽を聴きながらゆっくり本に目を通すなどという優雅なことはできない生活サイクルだった。

それでもある時、玄関脇に置いてある本棚に目をやると足が止まった。

憶えのない本があった。

――『手術がわかる本』

目次には〈頭蓋骨内部の手術〉〈手足の手術〉〈生殖器の手術〉などがあり、それぞれに〈脳腫瘍の除去〉〈足の切断〉〈子宮摘出術〉〈会陰切開〉の方法が図によって細かく説明されている。四百ページを超える本であった。

買った憶えはもちろんのこと、誰かに借りた憶えもなかった。

奥付にはその年で六刷の発行とあった。

ここひと月ほどで購入されたもののようだった。

わけがわからなかった。

「結局、何か自分でも知らないうちに仕事の参考資料になると思って間違って買ったんだろうと思うことに決めたの」

ところが、またそれは起きた。

「ある日、シャワーを浴びてて急に気がついたのね」

彼女はここ数ヶ月、シャンプーを買った憶えがなかった。

理由は充分に足りているからだが、最後に買ったのは就職した直後だったから、いくらなんでも保《も》ちが良すぎる。

「それでわたし、急に不安になって……」

シャンプーのボトルを振ってみた。

ずっしりと重かった。八分目ほど残っているに違いない。

彼女は、自分がいつの間にか夢遊病を起こしているのではないかと疑ったりもした。

「それで会社の診療室に行って相談したのね」

医師は、夢遊病は寝ている間にしか起きないと笑い、自分が行ったことが自分がしているような気がしなくなるという離人症の話もしてくれたが、結果としては、

「疲労による突発性健忘症でしょうっていうことだったのね」

少し忙しすぎたんでしょう、と会社の内情を知る医師は、苦笑しながら抗不安薬と睡眠導入剤を処方してくれた。

「わたし、自分がおかしいなんて言われたのは初めてだったから、かなり動揺してしまって……」

実家の両親に報せれば心配するとわかっていたので黙っていた。

それから暫くは何事もなかったが、そろそろ年末の話題が出始める頃、その夜もくたくたに疲れ果てた躯に無理矢理コンビニで買ったおにぎりを夕食代わりに詰め込み、シャワーを浴びた。

髪を洗っている最中にも膝がカクンカクンと抜けるように眠気が襲ってきた。

パジャマの袖に手を通すのももどかしく、寝室のベッドに身を投げ込もうとした瞬間、凍りついた。

〈!〉という赤い印がベッドの上部の壁に付いていたのである。

全く、憶えがなかった。

見るとそれは、人さし指の腹をぴったりと押し付けた跡だった。

もちろん、昨日の晩から今朝にかけてそんなものはなかった。

「その時は絶対に自分じゃないと確信したの。その頃わたし、仕事で段ボールを触ることが多くてね、両手の指がささくれていたから絆創膏をしていたのよ」

しかも、その跡はどう見ても血で付けられていた。

〈なんだろう……なんだろう……〉
ベッドに座り込み、混乱した頭で考えているといつの間にか記憶がなくなった。
「眠ってしまったのね」
躯に突然触れられたので目を覚ますと、辺りは真っ暗だった。
悲鳴を上げようとしたが口が塞がれていて声にならなかった。
腹が殴りつけられ、燃えるような痛みが全身に走った。
〈シズカニ……コロスゾ〉
男の声が耳元でし、それと同時に尖った硬い物が頬に押し付けられた。
その時、初めて自分が黒い袋状のものを被せられていると気がついた。
〈コノヘヤノカギ、タカカッタンダカラナ〉
男は何度も彼女の躯を殴りつけた。
その度に彼女は全身に電流が走るような激痛に呻いた。
「何度も何度も殴られているうちに、わけがわからなくなってきて」
ぐったりして動けなくなってしまったのだという。
男は彼女が静かになったのを見定めると、袋の後ろを捲り上げ、襟足を擦《さす》った。

首にチクリと痛みが走った。

身動きするとさらに殴られた。

チクリ……チクリ……痛みは続いた。

あー、うーと声が自然に漏れるがそれは小さな呻きにしかならなかった。

いつの間にか失神していた。


「男がその後、何をしていったのかはわからないの……。気がつくと朝になっていて」

彼女はそう俯いた。

袋は消え、それどころか壁の指の跡すらなくなっていたという。我に返った彼女が施錠しようと玄関に行くと、光るものが落ちていた。

「鍵だったの。もちろんわたしのじゃないけど、うちのドアは開いたわ」

スペアキーだった。その日は会社を休んだ。上司には散々嫌味を言われたが、とてもじゃないが出社できる状態ではなかった。

翌日から出社したが、どこにいても人混みが恐ろしくなった。

結局、引っ越しと同時に仕事も辞めてしまった。

ネットに詳しい男の子にちょっと聞いたところ、自分が昔住んでいた部屋のスペアキーを大量に作って売りに出す奴がいるらしいと聞いた。

別れ際、彼女は宝生さんに「これ、見て」と髪を上げてうなじを見せた。

英語のような記号が青く彫り込まれていた。

「そいつ、こんなことをしていったの。逆に彫ってあるの……Ｎｏ．４。鏡で見られるように」

結局、彼女は未だにそのことを両親には話していないそうだ。

「この刺青《いれずみ》、消すのに八十万かかるのね。あと少しで貯まるから、そうしたら手術で消して故郷に帰ろうと思ってるの」

宝生さんの友達は、そう言って軽く手を振り、地下鉄の階段を下りていったという。

マヨネーズおじさん

「いくら言っても聞かねえんだもんね。今の若い子は怖いよ」

玉井はあるソープランドで働いている。

数年前、〈マヨネーズおじさん〉なる人物が登場した。

「要は、もう役に立たなくなっちゃったような、じいさんなんだけれど」

じいさんは個室に入り、しばらくすると女の子にマヨネーズを性器に入れて出せるかどうかを試させるのだという。

「一回二万円から五万円ぐらいのチップでやらせるんだよ。女の子たちにしてみれば、妙なことだけど、一回で風呂代ぐらいのチップが貰えるっていうんだから、やる奴が続出してね」

「それのどこが悪いの？　変なものが入ってるとか？」

「いや、混ぜ物はないんだ。ただマヨネーズっていうのは、ビデで洗っても完全には落ちないんだよ。そして腐敗が物凄く速い。へたをするとあっという間にあそこが爛《ただ》れて使い物にならなくなっちまうんだ。もちろん、子供だって産めなくなっちまうしな」

彼の店でも、三人被害に遭ったという。

「聞かないんだよ……」

不思議なことに、〈マヨネーズおじさん〉というのは一過性のものではなく、数年おきに必ず新しい〈マヨネーズおじさん〉が登場するそうだ。

「罰金？　当たり前だよ。そんなの見つけたら百万は貰うね」

今年がちょうど、その当たり年だと玉井は言った。

公園デビュー

「もう本当にウチは転勤族なのよね」

芳美さんはそう溜息をついた。

「うちは家族が息子ひとりの三人でしょう。だから他の四人や五人家族の人たちよりも動かしやすいって思われてるのかしらって勘ぐりたくなるほど、昔っからあちこち転々とさせられてきたわけ」

今ではすでに長男も高校生になり、会社からは転勤もそろそろないと言われているのだが、十年ほど前までは頻繁に転居させられていた。

「ひどい時なんか年に二回も移動したりしてたからね。自分で振り返ってもさあ、住んでいたにもかかわらず覚えていない場所とかもあるぐらいだから。ひどいよねぇ」

しかし、そんな彼女にも決して忘れられない場所があるという。

「いい場所なら明るく話せるんだけど、本当にロクでもないところだったからね」

今から十年以上前、北関東近郊に引っ越した時のことだった。

引っ越しもひと段落した芳美さんは、次に公園へ息子を連れて行かなくてはと思っていた。

いわゆる公園デビューである。

「あれはただ単に子どもに友達を作るっていう以上に重要で、そこにいるお母さん仲間に入っちゃうと何かと情報が入ってきて楽なの」

気さくな彼女は引っ越しが済むと必ず公園デビューを果敢にした。それも引っ越し族が地域に早く溶け込むための知恵なのだという。

「でも、あんまり遠くに行けないし、住んでいる近くに行くわけだからね。結局は宝くじみたいなもん。当たるか当たらないか、いい人がいるか、いないかはね」

社宅から歩いて五分もかからない場所に適当な広さの公園があり、そこに同じ年頃の子供を連れてきている主婦のグループがあった。

彼女はさっそく声をかけた。

皆、気さくで話しやすい人ばかりだったが、数日、一緒にいると、ちょっと気になる点が見えてきた。

「悪口ばっかりなの。それも死ねばいいとか、病人が出ろとかって、ちょっと普通は口にしないような感じで言うのね。でも、主婦ってキホンはそんな話題も混ぜて話すものだから。気にしないようにはしてたんだけど」


ある時、明らかに彼女たちのグループと敵対しているらしいグループの主婦がひとりで子供を連れてやってきていた。

「そしたら、なかのひとりが子供に……」
○○ちゃん、あの子、殺してきちゃいなと言ったのだという。
するとその子は頷き、暫くすると「殺せ」と言われた子の傍に行き、その子の親の目を盗んで道に連れ出すと、いきなり車道に向かって突き飛ばしたのだという。

「タクシーの前だったんだけど、ちょうど不法投棄されたゴミが小山になっている陰からポーンって突いたのよ。そしたらまだ幼稚園生で頭が重いから、とっとっとって車道に飛び出しちゃったのね」

物凄い急ブレーキの音がしたが、間一髪でタクシーは子供を避けた。

芳美さんは愕然とした。

「ちょっと、今のはないんじゃない」

目の前で起きたことが信じられない面持ちで彼女がそう叫ぶと、主婦のひとりが〈いいの、いいの〉と手を振った。

「幼稚園生じゃ犯罪にならないから。大丈夫、うちもやられてるんだから」

開いた口が塞がらず、芳美さんは息子を連れて帰宅した。

すると午後になって社宅の前庭で遊んでいた息子が、血を流して家に担ぎ込まれてきた。

「誰かが屋上から石を投げつけたみたいなの」

警察もやってきたが犯人は見つからなかった。

彼女は公園に行くのをやめた。

すると即日、無言電話が何本もかかるようになった。

彼女の家のゴミ箱だけが燃やされもした。

我慢の限界がやってきた時、またも転勤の辞令が出たという。

「いつもならまた引っ越しだと思ってうんざりなのに、あの時だけは助かったと心底、ホッとした。本当に嬉しかったの」

あの幼稚園児も今では高校生になっているはずだと芳美さんはつけ加えた。

ネックレス

加藤さんが子供の頃、公園で遊んでいるとジーンズ姿の男が近づいてきた。見たことのない男だった。

「キミ、これちょっとつけてくれる」

脂っけのない長い髪をした男はビーズのついたネックレスを加藤さんに見せた。

「子供だからね。キラキラしてるときれいだなって思ったよ」

加藤さんが恥ずかしがっていると横にいた友達が男に〈私がする〉と言ったのだが、男は首を振り、加藤さんがしないならあげないと言った。

「これは特別にオニーサンが作ったんだよ。オニーサンは宝石屋なんだ」

ネックレスには細い線がついていた。

「これなあに」

「電気でピカピカ光るからね。今、スイッチ入れてくる。すごくキレイに光るよ」

「やっぱり、私がしたいな」友達が言った。

「だめ……この首がいいから……」

確か、男がそう言ったことを加藤さんは今でも憶えていた。

〈この首がいい〉……と。

「お盆の頃だったから、ふたりともお母さんに浴衣を着せて貰っていたのね。だから、余計に首が目立って見えたんだなって、その時は思ってたけど」

男は加藤さんにネックレスを着けると〈ピカピカ光るスイッチ〉を入れに行った。

「そのままにしといてね。壊れやすいから」

男は念を押すように繰り返した。

「したいなぁ……」友達が呟いた。

加藤さんは不意に外そうと思い、ネックレスを頭から〈脱ぐ〉ようにして外した。

そしてそばにあった枝の根元かけた。

「あたし、していい？」

友達が立ち上がり、手に触れた瞬間。

車が急発進する凄まじい音とともにビンビンビンと空気が鳴った。

枝が激しく揺れると地面に落ち、公園の外に引きずられて止まった。

気がつくとネックレスをかけていた枝が根元からスッパリと落とされたように丸い切口を見せていた。

ふたりともワッと声を上げると家に逃げ帰ったという。

結局、男は捕まらなかった。

取り扱い注意

都内で突然、路上に飛び出してきた十代後半の少女がタクシーにはねられた。

幸い大きな怪我ではなかったのだが、救急車に搬送される途中で絶命した。

通常、この程度の外傷からは考えられない急性死だったので、病院で死因が調べられた。

下腹部に痣《あざ》があり、車体が当たったことを示していた。が、内部に大きな出血は見られなかった。しかし、子宮が不自然に膨らんでいた。

十分後、彼女のなかからコンドームに詰められた、ひと握りの覚醒剤が発見された。

衝突のショックでコンドームが裂けていた。

＊　＊　＊

「うちの学校、黒板の下にコンドームが落ちてるようなとこだったんですね」

とんでもない高校だなと言うと、ケンジは〈いや〜。それほどでもナイス〉と照れた。

「校庭にニノキン（二宮金次郎）があったんですけど、その後ろに切り株みたいのがあるじゃないですか。そこに校内でガンジャ（マリファナ）売りやってる奴が結構、大量に隠してたらしいんですね」

体育の教師がそれを発見した。その教師はよほど愚鈍だったのか「誰だ。大切なキンジロウさんをゴミ箱代わりにして！」とガンジャを残らず掻き出すと、捨ててしまったのだという。

放課後、校内で奇妙な光景が見受けられた。

清掃係である生徒数人、男女入り乱れて、みんなゲラゲラ笑っているのだという。

教師が〈ゴミ〉を捨てた焼却炉からは煙が溢れていた。

「おお、空が〜空が〜落ちてくる」

「誰かぁ。私を捕まえてぇ。体が浮いちゃうぅ」

などと妙な〈フェスティバル〉になっていた。教師が駆けつけた時には煙も収まっていた。

医師は全員を〈食中毒が原因〉と診断し、【お弁当には注意して下さい】というチラシが生徒たちの親に配られたという。

持ち主がどういう顔をしていたのかは知らない。

プリンのおじちゃん

その女は半年も滞納していたのだという。

結城は、契約家主が所有する物件に住む滞納者から家賃を回収するのを仕事とする会社に勤めていた。

「カード会社でいうところの債権管理センターみたいなものだよね。毎日毎日、どうしようもない相手ばっかり……」

一ヶ月も働くといい加減、人間が大嫌いになってくるという。

「個人としての人間嫌いっていうか、種として嫌いになってくるんだよ」

嘘、その場限りの言い逃れ、罵声、時には暴力ともいえる言葉を浴びせられる。

「昔は家賃を滞納したら頭を下げるのは借りているほうだったじゃない。今は全く逆、貸しているほうが頭を下げて家賃をいただくって感じにまで成り下がっちゃってるンだ」

こうした背景には大家は悪、借り手は善という短絡的な法原則の影響が強いという。

「とにかく滞納を一年しようが半年しようが強制力がないんだ。鍵ひとつ変えるにしても、いろいろな細かい段取りや制約があってね」

それでも取り立てなければノルマが達成できない。

「それこそ会社と嘘つきとの板挟み。会社は回収が仕事だから、現金を積まなきゃ許してもらえないモンね」

何百枚（明日、必ず払います）という念書を持ち帰っても評価はされない。

重要なのは、家主の口座に入金がされたか否かという現実だけなのだという。

「正直なところ、ノイローゼから出社拒否になって辞めた奴、自殺した奴もいるんだ」


あるワンルームマンションに一年近く滞納している女がいた。

結城が全額回収を命じられた。

「ドアを見た時に、これは駄目だって思ったね」

鉄の扉には靴で蹴った跡が無数につき、凹んでいた。

一階の集合ポストを見ると、なかにはサラ金が送ったであろう喪中ハガキを思わせる黒い縁取りの督促状が山と詰まっていた。

「一応、メーターは回っているんで、いないわけではないようですけれど」

何度、呼びかけても当然のように応答はない。携帯電話も留守録になっている。

結城は夕方、出直すことにして名刺とメモをドアに挟んだ。

夕食を済ませ戻るが、メモも名刺もそのままになっていた。

「当時は十五件も持っていたからな。そこだけに構ってられないんだよ」

その後も通ったが、住人である女との接触は全くできなかった。

そしてある晩、休日だった結城はなんとなく部屋に向かってみようという気になったのだという。理由はない……ただ、なんとなく。

すると部屋の電気が一瞬だけ点いては消えたという。

「人がいる！」

結城は車に常備している名刺を掴むと部屋に向かった。

いつものようにドアをノックするが返事はない。

「電気が点いたのは確実なんで、かなりしつこく叩いていたんだ」

それでも応答がないので、仕方なく結城は身を隠すことにした。

「奴らは大抵ドアスコープから覗くから、死角に身を潜めるわけだ」

三分ほどするとドアの鍵がカチャリと鳴り、ドアが薄く開いた。

そこを見逃すはずがなかった。

声をかけるよりも先に、結城はドアの隙間に足を入れた。

「いや～、やっと逢えましたよ」

と覗き込んで笑いかけると暗闇のなか、パジャマ姿の子供がひとり見上げていた。

「あれ？　お母さんは」

「いない」

三つか四つの男の子だった。


「部屋はワンルームだから隠れるといってても場所がさほどないんだ」


「おじさん、お母さんに用事があるんだけど」

すると男の子はしくしくと泣き始めた。

「けんちゃん……開けちゃいけないのに……ドア開けちゃった。ママに叱られる……」

「大丈夫大丈夫」

とりあえず電気を点けると、部屋のなかにはゴミが散乱し、小さな座卓にコンビニの弁当が二、三個置いてあり、ジュースとビールの缶が転がり、吸い殻の溢れた灰皿、お菓子の袋が転がっていた。

真ん中に敷いてあるタオルケットには猫と赤ん坊が一緒に寝かされていた。

まだふたつにもなってないような赤ん坊だった。

「おにいちゃん……お母さんは？」

「お仕事……。だから、キミちゃんとお留守番してるの」

「ご飯は？」

「ここ」

男の子はテーブルの上の弁当を指さした。弁当の賞味期限は切れていた。

小型冷蔵庫にはビールとチューハイの缶以外、何もなかった。

結城が近づくと、タオルケットの上の猫がシュッと音を立てた。

赤ん坊の頭に触れると何かがぴょんぴょんと弾けた。

ノミだった。

「とにかく男の子も赤ん坊も満足に食事もしてなけりゃ、風呂にも入ってない様子でな」

結城はなんとか男の子から母親の帰ってきそうな時間を訊き出すと立ち上がった。

靴を履いて出て行こうとする結城の裾を、男の子が掴んだ。

「またくる？　おじさんくる？」

「え、ああ。くるよ。お母さんと話すことがあるから」

「よかった……またきてね。ばいばい」

結城は翌日、母親が帰宅していると当たりをつけた時間に訪れたが、やはり誰も応答しなかった。

結城はコンビニでプリンを買ってきていた。

「けんちゃん……おじさんだよ」

するとドアが細く開いた。

「プリンを本当に喜んでなあ。今の時代の子だとは思えなかったよ」

けんちゃんは、ママは帰ってこなかったと言った。

翌日、また結城は部屋を訪れた。

母親はいなかったが、子供がどうしているか気になったのである。

「ママ、すぐに仕事に行っちゃったの」

新しいコンビニ袋がテーブルの脇に無造作に投げ出してあった。

古い弁当は異臭を放ったまま置かれていた。

「ご飯は」

「あれ」

けんちゃんは古い弁当に近寄ると手でご飯を掴んで口に入れようとした。

「けんちゃん、駄目だよ。それは食べられない。こっちを食べな」

「でも、ママが作ったんだよ」

「それは作ったんじゃ……。でもね、それは食べられない」

結城は新しく置かれていた弁当を取り出した。スパゲティーとカツカレーだった。

けんちゃんは異様に痩せて見えた。

それに部屋のなかには糞尿の臭いが染みついていた。

赤ん坊もけんちゃんも初めて逢った時から着替えていないようだった。

「あれ？　猫は」

するとけんちゃんが顔をしかめた。

「ミーは死んじゃった。ママを引っ掻いたから」

けんちゃんがユニットバスを指さした。

猫の毛が浴槽と壁に貼り付いて乾いていた。

血が排水口の周りに固まっている。

ゴミ袋のなかで猫の死骸が魚の腐ったような臭いをさせていた。

赤ん坊がしゃっくりを繰り返しながら眠っていた。

「今度、お母さんが帰ってきたら、ここに電話するように言ってね」

結城はおみやげのプリンをおいしいおいしいと食べているけんちゃんにそう告げると、メモを残し部屋を出た。

翌日、母親である女から家宅侵入罪で告訴するという抗議の電話が会社に入った。

結城は先輩から厳しく叱られ、担当を外された。

「それでも気になってな」

何度か足を運んだという。

ノックしても応答がないのでコンビニで買った袋をドアの前に置いたりもしたという。

「結局、会社としても女からの回収は不可能だということで手を引いたんだ。それは自動的に大家が相手に対し明け渡しの裁判を始めたということになる」


季節が変わり、偶然、結城はあのマンションの前を通りかかったという。

ドアをノックしていると、隣の部屋のドアが開いた。

「そこ誰もいないよ」

中年の男がうるさそうに見つめてきた。

「あ、引っ越されたんですか」

「うん」

「そうですか……」

「捕まったんだよ、お母さん。子供、死なせちゃったから……」

「死んだ？　赤ちゃんですか？」

「上のおにいちゃん……なんだかプリンのおじさんを待つんだ、待つんだってベランダによじ登って外を見ているうちに落ちちゃったんだ。お母さんはそれから色々調べられて捕まっちゃった。だからいないよ」

結城は溢れる涙を抑えることができなかった。
翌日、彼は辞表を出した。

シャワーノズル

「どうにも手がつけられない状態だったんでね。本人も完全にトラウマになってしまっていたから。完全に再建できたのは極々、最近のことでしょう」

飛鳥さんは都内の救急病院で形成外科医をしている。

「ほとんど中身のない状態だったんでね。脂肪はおろか筋肉まで……」

そのチャイナドレス姿の女性が運び込まれたのは三年前の暮れ、早朝の港湾道路付近を歩く姿が警邏《けいら》中のパトカーの注意を引き、そのまま病院に搬送されてきた。

「重篤《じゅうとく》だったね。暫くは警察にも事情聴取を控えてもらったぐらいだから」

彼女は薬物による強いショック症状と暴行によって、全身状態がひどく、衰弱しきっていた。

状態は落ち着いたが、彼女は担当医にも看護師にも口をきこうとはしなかった。

「所持品なし、身元確認できる物なしといった状態でね」

警察も捜索願いが出ていないか何度も確かめたのだが、該当するものはなかった。


「あのね……」

ある時、ふいに彼女が口を開いた。

その相手が飛鳥さんだった。

「なぜ、僕が指名されたのか全くわからないんだけれども……」

彼女は夕方の数分間、飛鳥さんの診察室に訪れては、ぽつりぽつりと話を始めた。

ただし、身元に関しては彼にも話そうとはしなかったという。

「いきなりはねられたの」


彼女は夜道をひとりで歩いている時、いきなり後ろから来た車にはねられた。

骨折するほどではなかったが、息もできず倒れていると車から降りてきた男たちに車内に連れ込まれたという。

車内に入るとすぐ、首筋に注射をされた。

記憶はそこで切れてしまった。

次に目を覚ますと、彼女は物置のような鉄の扉の付いた小部屋に監禁されていた。

上半身は裸にされていたが、強姦された形跡はなかったという。

鞄は消え、仰向けになったまま。両手両足には、床に打ち付けられたU型ボルトに結ばれた手錠がはめられていた。

鉄の扉が開き、数人の男がやってきた。

手には大きな注射器を持っていた。

「人の腕ぐらいあった。あれは絶対に人間用じゃないと思った」

男たちは彼女の躯を押さえつけた。

必死に抵抗したが、かなわなかった。

注射器を持った男が近づくと、乳房が持ち上げられた。

鋭い先端が迫り、やがてためらいもなく針が刺し込まれた。

激痛が走ったが、それは次に薬液がじゅるじゅると注入された時の痛みの比ではなかった。あまりの痛さに、彼女は失禁し、気が遠くなったという。

一本打ち終わると、薬液の量で乳房が変形するほどになった。

扉が開き、再び注射が持ち込まれた。

反対側の乳房にも注射された。

その間、彼女はずっと絶叫し続けたが、男たちは何の反応も見せなかった。

両方の乳房に注射を一度ずつ終えると、再び二度目の注射を受けた。

はちきれんばかりに乳房が膨張し、ゴムまりを植えたようになってしまった。

「上から見ると完全な球体になってたの。乳首が突出してしまって……」

男たちは注射を打つと姿を消し、その代わりチャイナドレスの女が入ってきた。

「イタクナクナルヨ、ゴハン」

女は彼女の胸に軽くサラシを巻いた。固定されると痛みがほんの少しだけ引いた。

彼女はどんなに勧められても食事をしなかった。

女はその日から彼女の世話役になった。

監禁中、一度も拘束が外されなかった彼女の排便排尿も、全て彼女が掃除した。

「ガンバッテイコヲネ……」

女は繰り返した。

その夜は乳房が熱を持ち、ジンジンと胸の奥を灼くような痛みと、自分の置かれた状況への不安から一睡もできなかった。

翌日、女は再び食事を持ってきた。

彼女が拒否すると男たちがやってきた。

医療用の漏斗《ろうと》を手にした彼らは、無理矢理それを彼女の口に突っ込もうとし、抵抗すると容赦なく殴りつけた。

力を緩めると、漏斗が唇を切りながら乱暴に差し込まれ、テープで固定された。

女は黙ってその中に粥を流し込んできた。

舌が爛《ただ》れるような熱さに悲鳴を上げ、首を振った。

「タベマスカ？　ナガス？」

彼女は懸命に食べると首を振った。

漏斗が取り除かれ、女はゆっくりと粥を口に運んだ。

「エイヨウタイジ。カラダノタメイ」

それから何日過ぎたのだろう。

粥には強力な睡眠薬が入っているようで、意識がはっきりせずいつもだるく、食べるとすぐに眠ってしまっていた。窓もなく電灯だけの部屋では時間の感覚も失われていた。

何か酷いことが起きそうな予感がした。

「人を掴まえてきて注射して寝かせて世話をするだけなんて理解できなかった。手間暇かけてそんなことをするのは、よっぽど酷いことが待っているんだって思ったの」

食事は一日三回。三回目が終わると一日が終わるということだった。

一週間は経ったんじゃないかと思った。

突然、毛穴が開くような悪寒が走った。

躯がおかしかった。

その日はぴりぴりと全身に細かい電気が走っているような感じが、何度もしていた。

二度目に食事を持ってきた女がサラシを変えながら、何度も満足げに頷いていた。

「カンバッタ、アナタモミンナモカンバッタネ」

女は微笑んだ。

見ると膨張した乳房が動いていた。

「え？　これ何？　わたし？　って思った」

薬液はある程度、吸収されていたがなおも大きく膨らんだ乳房がもこもこと揺れていた。それと同時に、猛烈な痛痒《つうよう》感に襲われた。

それは四六時中、何度も始まり、彼女はそれが治まるまで毎回、悶絶した。

「なんていうのかな。ずっと急所をくすぐられる感じ。それも逃げ場がなくてダイレクトにずっと、ぐりぐりされている感じ」

それと同時に発熱が始まった。

薬は睡眠薬のみ、熱が下がることはなく、ただ他人事のように揺れる乳房をぼんやりと眺めていた。

ところがある日、妙に意識がクリアになった瞬間があった。

ハッキリした目で見ると乳房はところどころ凹んだり、膨らんだりを繰り返していた。

何かがいる。

彼女は半狂乱になった。

すぐに女がやってきて彼女に注射を打った。

意識が混濁し、眠ってしまった。

ちりちりちり……ちりちりちり……ちりちりちり……。

夢の中で音が聞こえた。

意識が戻るとそれが自分の立てている音だとわかった。

なんだろう……。

胸の痛みが強くなっていた。

最初に見えたのは薄く水のような血が皮膚に溜まっているところだった。

胸に目をやった。

乳房がなくなっていた。

代わりに何か妙なものが目に飛び込んできた。

「最初に思ったのは大きなシャワーのノズル。なんでこんなのが付いてるんだろうって」

次の瞬間、彼女は背筋の凍るような悲鳴を上げた。

シャワーのノズルに見えたのは無数に穴の開いた自分の乳房だった。

両方の乳房に数え切れないほどの穴が開き、そのひとつひとつに白い幼虫が埋まり、蠢《うごめ》いていた。ちりちりという音は幼虫の立てる音だった。

彼女の叫び声で女がやってくると、乳房をひと目見るなり飛び出していった。

蟲《むし》は穴の中で身を縮めたり、伸ばしたりしながら彼女の肉を食《は》んでいた。

先端にある黄色い頭が真っ赤な肉に埋まっては出、埋まっては出、するのが見えた。

乳房は蟲の団地になってしまっていた。

女は白衣にエプロン姿の男を連れてやってきた。

男はピンセットで蟲を摘み出すと口に放り込んだ。

そして、もう少しだという風に首を振ると出て行った。

彼女はサラシを巻かれ、六回食事をする間、放置されていた。

もう食事を拒否しても、無理矢理食べさせられることはなかった。

六回目の食事が過ぎた頃、再び、男が現れ、ピンセットで蟲を乳房の巣穴から一匹ずつ取り出し始めた。

ボウルの中に溜まっていく蟲は血にまみれ、ねとねとと糸を引いた。

蟲のいなくなった穴はぽっかりと黒い肉を見せ、乳房は萎《しお》れてしまっていた。

蟲は両の乳房からボウル一杯分、採れた。

男は女に何事かを告げて部屋を出て行った。

「何故か知らないけれど意味がわかったんです。次は尻を使うと男は言ったんです」

彼女は呆然としているフリをした。

女が俯《うつぶ》せにさせるために手錠と足錠を外した。その瞬間、死に物狂いで体当たりをすると女はコンクリートの床に頭を叩きつけて気絶した。彼女は半ベソをかきながら女のチャイナドレスを着て扉の外に出た。

そこは巨大なコンテナの並ぶ接岸された船の上だった。

見張りはいなかった。

彼女は港と船を繋ぐ橋を渡ると駆け出した。


「結局、船の特定はできなかったらしい。かなり警察もしつこく彼女に話を聞いたんだが、彼女自身が持っている情報が少なすぎてな。ただ話によると、人体を餌にした幼虫を食材にする料理はあるそうだ。一種の回春料理として」

彼女は身元を明かさないまま彼の元で過ごし、やがて転院していった。

転院先の医師から、本人確認ができたのと両親が引き取りにきたという手紙を貰ったのは今年のことだったという。

蚊

「突然、会社が倒産してしまったんです」

何かおかしいという噂は聞いていたものの、森田さんのような一般事務の女性のところにまで、会社の内情が流れてくることはなかった。

結果、噂が流れてから二週間で潰れてしまったという。

「連絡は社長からのメールだけ」

〈鋭意努力をして参りましたが、力及ばず誠に残念な結果となり、社員の皆様には大変にご迷惑をおかけいたします……〉うんぬんの回覧メールが一通、彼女のパソコンに届いただけだった。

「あとは私物と離職票を貰ったら終わりでした」

管財人を名乗る弁護士が、給料は裁判所の決定に従ってくださいと説明し、会社も社長本人も破産宣告の申し立てをしていると告げた。

途方に暮れてしまった。

「倒産したのが月末だったんで、給料も使ってしまっていたし……」

会社はそこそこ名のある企業だったが、それほどの蓄えもしていなかった。

「その時は月に十五万の部屋を借りていたんですけれど、とても払えないので」

実家に戻ってこいという両親を説き伏せ、当座のお金を借りると、急きょ不要な物を処分し、八万円のアパートに引っ越すことにした。


アパートは古かった。

「築四十年とは聞いてましたけど、懐かしいマンガに出てくるようなボロアパートで」

引っ越し当日、隣の部屋に挨拶に行ったが不在のようだった。

彼女はそこで求職活動を始めることにした。

季節は梅雨から夏へと移行していった。

「今まで完璧クーラーの生活だったので、ほんとに寝苦しくて」

一応、小さなクーラーを中古で買ったのだが、音が大きい上にあまり効かなかった。

彼女はベランダの窓を半開きにして寝るようになっていった……。

小さく頬を叩かれた、
目を開けると、消したはずのランプスタンドが目の前に浮いていた。

「⁉」

驚いて半身を起こしかけると、スタンドが揺れ、背後の壁に大きな影が映った。

それは人の手に持たれていた。

緑色の丸首Tシャツを着た男が枕元に座り込み、彼女の顔を覗き込むようにしていた。

「だれ！」

全てを言い終わらぬうちに、アイスピックが眼前に突き出された。

男は脳みそを模した玩具のマスクをかぶっていたので、首から上に脳が直接ついているように見える。

左脳と右脳の中間部から目玉が覗いていた。

よほど暑いのだろう。Tシャツがぐっしょりと汗を吸って黒ずんでいた。

スタンドを布団の脇に置くと、男はポケットからルーズリーフを一枚取り出して開いて見せた。

『吸血鬼』

Ａ４判ほどの紙に、赤い字で太くひと言書かれていた。

森田さんは声が出せなかった。

すると男は、傍らのカバンのなかから広口の大きな瓶を取り出した。

「なかには何も入ってないように見えたんです」

瓶には蓋はなく、代わりにかぶせてあった網のようなものを剥ぐと、男はそのまま瓶を布団の近くに置いた。

ぴーっ。

細かい羽音がし、ちくりと肩口に何かが触れるような気がした。

それでも森田さんはアイスピックを向けながら黙っている男が恐ろしくて、身じろぎすることもできなかった。

やがて男はあぐらをかいたまま、腕でずっと腰を引きずって近づいた。

目がぐじぐじと、膿んでいるように濁っていた。

突然、腕に灼けるような刺激を感じて叩いていた。

掌《てのひら》が、脂に潜ったようにぬるっとした。

黒い糸屑が腕の表面にいくつも散らばり、赤いものが貼り付いていた。

そして、見ている目の前でまた黒いものが腕に乗った。

蚊だった。

見ると、白いタオルケットの上にも蚊がいくつも止まっていた。

右腕にも、左腕にも、黒く細長い蚊が行列をなして止まり、カラダをぐいぐい前後させながら血管を探して針を突き入れようとしていた。

「やだ！」

彼女が逃げようとした途端、男がアイスピックを強く押しつけてきた。

動けなくなった。

蚊は男の手にも止まり、アイスピックを握っている拳にもたかっていた。

「オレノ血デ育テタ」

外国訛りのある男の低い声が響いた。

男と森田さんはジッと蚊が吸血するのを見守った。

ふと、男は森田さんについていた一匹を潰すと、蚊の体内から染み出た血を人さし指で拭い取り、鼻先に近づけるとマスクを唇の辺りまで捲り、ぺろりと舐め上げた。

それをきっかけに、男は森田さんに止まった蚊を叩いては潰し、叩いては潰しして、滲み出た血を舐め取った。

「そのうちに顔にまで蚊が寄ってくるようになって」

既に露出している腕は、ぼこぼこになっていた。

目の縁に蚊が止まった。

男は彼女の腕をぎゅっと掴み、動くなと呟いた。

顔には汗のせいか、次から次へと蚊が集まってきていた。

ムズムズと細かい毛先が這い回るような感じが走り、背筋が何度も震えた。

蚊は次から次へと集まり、顔の半分ほどを埋め尽くしたのではないかとさえ、思った。

「バシ！」

物凄い力で男が森田さんの顔面を叩いた。

彼女は意識が薄れていくなか、マスクを剥ぎ取った男が舌を伸ばして顔を舐め上げにくるのを感じていた。

翌朝、気がつくと男の姿と生きた蚊は消えていた。
ただ、潰れた蚊の死骸だけが、布団の周囲に黒く固まっていた。

その日のうちに彼女は実家へと引っ越した。

二度死んだ男

「いやぁ、なんか変だなって思ってたら、これは尋常じゃねえなって……痛みになってきちゃったんだよ」

今田は今年、心筋梗塞で病院に担ぎ込まれた。

「最初は腰が痛ぇなぁって、重くなってきたんで部屋で横になってたんだ、そしたらおまえ、それがひどくなってきて」

「病院に連れて行こうか？」

ただならぬ様子に奥さんが声を掛けた時には、

「悪い……救急車呼んでくれ」というのが精一杯だったという。

暫くして救急車がやってきた。

ストレッチャーに載せられたが、すぐに発進はしなかった。

「俺も初めて知ったんだけど、病院が決まらないと出発しないんだな。アレは」

なかではさっそく躯に心電図などの装置が取り付けられた。

「カミさんには子供が心配だからおばあちゃんを呼んでこいって言ったんだよ」

するとグッと痛みが引いたのだという。

「それまで腰から始まって背中、首までガチガチに締め付けられる感じだったんだよ。これは辛いなぁって思いながら寝てたんだから……」

そしたら、ふいに楽になった。

（……あ、少し楽になった……）

と、チラッと感じた途端、隊員に大声で怒鳴られた。

「今田さん！　今田さん！」

真っ赤な顔をした隊員が自分の胸を勢いよくグシャグシャと押していた。

車内にはピーピーと計器音が響き渡り、傍らではおばあちゃんを呼びに行ったはずの妻が泣きじゃくっていた。

「おお！　戻ってきたぞぉ！」

隊員が声を上げた。

（何やってんだ？　こいつら取り乱して……）

と、今田はぼんやり思ったが、すぐに〈あ、俺、今心臓停まったんだな〉と気がついた。一分ほどだったというが、完全に今田はその間、くたばっていたという。

「それが不思議なんだよな。夢を見てるようではないんだ。ただ真っ暗な無。何も存在していない無に浸ったっていう感じだった。何か見えるとか、そんなものは何もなかったし、ただ暗い無の中へ、ポンッと放り出された感じだ」

やがて病院が決まり、救急車が勢いよく出発した。

「良いですか？　今田さん！　今から私が言うことに答えて下さいね。何度も何度も同じコトを聞きますけれど、怒らないで下さいね。良いですか？」

「はい」

「名前は？」

「今田マサト」

「お歳は？」

「四十三」

「住所は？」

「お子さんの名前は……」

「奥さんの名前は」

「家族構成は」


「とにかくずっとそんな調子で、繰り返し繰り返し病院に着くまで、そのおっちゃん延々と喋ってくんだよ。まあ、意識をはっきりさせておかなくちゃっていうことなんだろうけどな。うるさくてうるさくて……」

今田は不思議と死ぬ気はしなかった。

それよりも仕事のほうが気になって仕方がなかった。

「だって大病して長く休むようなことになれば、そりゃいろいろと差し障りがあるからな。厄介な状況になってるのは重々承知の上だけどな、できることなら早めにパッパッとやって仕事に行かなくっちゃって思ってたんだよ」

病院では連絡を受けた医師が既に廊下で待機していた。今田を載せたストレッチャーを運んできた隊員と医師の間で、すぐ状況の申し送りが始まった。

「どんな感じ?」

「二度、心停止しまして。二度目にカウンターを行いました」

今田はそれを聞き、ちょっと待てと思った。

「いくら救急で飛び込んだにせよ、そこまで大袈裟に言わなくてもいいんじゃないかって思ったんだよ。カウンターって電気ショックだろ。やってないもの。俺はあのおっちゃんとずっとしゃべってたんだから。そんなこと言われたら、いつ退院できるかわかんなくなっちゃうじゃないかって思ったんだよ」

今田は医師と隊員が話しているのを遮るようにして割って入った。

「いや、そんなのやってないから……。先生、電気ないですよ。やってません」

「はいはい。あなたは黙ってて」医師は今田を相手にしなかった。

「それでパルスは戻ったんだね」

「はい」

「先生、違うんだよ。俺はね……」

「はいはい、わかったわかった」

医師は今田のシャツを捲り上げた。

「ああ、これだね」

納得したように頷いた。

見ると左胸の上と脇に、丸い火傷の痕が残っていた。

「なんだこりゃ？　って思ったね。何か手品を見てるような気分だったよ。だって俺はずっと話してたっていうことしかないんだからな」

確かに今田は二度心停止を起こしていた。

しかし、二度目の記憶が全くなかった。


「普通、心停止になる時は一回目みたいにフワッと楽になったり、それでまた戻ってくる時にグワッと意識が覚醒したりみたいな反応があるだろう？　それを自分が憶えてるから、あ、今、俺ここで死んだな……とか、生き返ったなとかわかるわけだよ。その時は全く、そんなのない。俺の記憶の中では完全に地続きだったもんね。ってことは、もし俺があのまんま死んだとしたら自分じゃわかんないってことになるなってマジで思った。いつの間にか死んでる。自分では死に至る状況やその後の記憶が完全にボコッと抜けちまってるからな、もし死後も意識があったとしたら、俺は絶対に死んだのを認めないと思うんだよ」

「ちなみに向こうはどんな感じなんだ?」

「向こうも何も……。本当になんにもないんだよ。光も何もない真っ暗な宇宙空間にポーンと、いきなり放り出されたような感じだ」

今田は無事手術を終え、治療に専念している。

おふくろの味

寺山のおじいさんは生前、おばあさんとふたりでそば屋を営んでいた。

「もう三十年ぐらい前の話だけどな」

今はもう、〈そば粉自家挽きの手打ち〉という店も珍しくなくなったが、当時はかなり貴重で、遠方からわざわざ客がやってくるほど人気を呼んだ。

「また、じいさんというのが頑固一徹で、カチコチの人だったんだよ」

戦前は商社に勤めていたというおじいさんは、自ら北海道の農家と契約し、そばの実を直接店に届けさせていた。その頃には宅急便のような便利なものもない。良質のそばの実を、常に安定して取り寄せるには、農家から余程の信頼を得ていなければ無理だ。それをおじいさんは成し遂げていた。

「メニューは盛りと天ぷら。それと温かいのは鴨《かも》のみ。ただし、粉の部位によって並と吟醸に分けてたな」

吟醸というのは、そばの実の中心部分だけを使う逸品で、呼び名は酒のそれにちなんでいた。

繁盛しているにもかかわらず、おじいさんは決して店舗を拡張したり、また別の大きな店に移動したりはしなかった。

「狭いほうがあれの顔がよく見える」

おじいさんはそう言って目を細くした。

あれというのはおばあさんのことであった。

周囲の反対を押し切り、なかば駆け落ち同然で上京し、暮らしを立ててきたおじいさんにとって、おばあさんはいつまでたっても最愛の人だった。

「俺が知っている頃にはもう豆狸みたいにちんちくりんだったけれど、それでも古い写真を見るとそこそこ別嬪さんだったたな」

ふたりは息子三人と娘ひとりを育て上げた。

その子供たちもやがて、全員所帯を持ち独立していった。

おじいさんの店も、折からのグルメブームに乗って登場した新たな手打ち、自家製粉の店にのまれ、客足も目に見えて減っていった。

「そうは言っても年寄りふたりの店だからな、自分たちが食べていく分だけ賄《まかな》えればいいと、悠々自適にやっていたんだ」

定休日も週に一日から二日に増やし、ふたりは温泉へ行ったり、近くの山へ登りに行ったりして老後を楽しんでいた。

おばあさんが事故に遭ったのは、昭和から平成になろうかという頃。

銀行へつり銭の両替と、前夜の売り上げを納めに行こうとした最中の出来事だった。信号待ちをしていたおばあさんに向かい、軽トラがもろに突っ込んだのだという。

運転していたのは七十歳の老人で、事故後半年ほどして心臓麻痺で亡くなった。

店を放り出して病院に駆けつけたおじいさんの祈りも虚しく、おばあさんは一度も意識を取り戻さぬまま亡くなった。

おじいさんは店を人に売り渡してしまった。

「そのまま呆けたように、世捨て人みたいになってしまってな」

子供たちも心配し、交代で孫を連れて訪ねたり、旅行に連れ出したり、あれやこれやと試みたが、いずれもおばあさんを失った哀しみに敵うものではなかった。

やがて一周忌がやってきた。

自宅に安置しておいた〈遺灰〉を先祖の墓に納めるのだが、親戚のなかには〈おじいさんが簡単に手離さないのではないか〉という声もあったという。

それほどに、おじいさんは周囲と没交渉になっていたし、日々の生活でも滅多に外出しなくなっていた。たった独りで家のなかに閉じこもっているのである。

見る影もないほど、やつれ果てたおじいさんの姿に驚く者もいた。

だが納骨が無事に済むと、そんな皆の心配を吹き飛ばす出来事が待っていた。

精進落としのために戻ってきた子供たちの前に、おじいさんがあの元気な頃の職人姿で登場したのである。

「今からそばを作ってやる」

そう言うと、おじいさんはいつ準備したのか寺の食堂を借りて、そばを打ち始めた。

できあがるまでに時間はかかったが、それよりも皆、おじいさんが元気を取り戻してくれたのを喜んだという。

「どうだ？　うまいか？　うまいだろう」

一緒に自分の打ったそばを食べる子供たちを見るおじいさんの表情は明るく、以前の笑顔を取り戻していた。

「でも、俺も憶えているんだけど……本当はそんなにうまくなかったんだよ」

やはり仕事を辞めてしまってからのブランクが長すぎたせいか、せっかくの手打ちなのにそばはそばつゆの中でぼろぼろと崩れ、食感もざらざらとしていた。

〈ああ……やっぱり歳だな〉

おじいさんのそばを噛み締めながら皆そう感じていたが、誰ひとりおくびにも出さず、〈うまい〉〈おいしい〉を連発していた。

おじいさんはその翌年、三回忌にも皆に手打ちそばを振る舞い、その後、服毒自殺した。

「まあ死んだ後のことはほとんど済ませていたから、覚悟のことだったんだろうけれどね」

形見分けをしていると、仏壇の抽斗《ひきだし》から一通の封書が出てきた。

それを代表して読もうとした伯父の顔色がさっと変わった。続いて手にした叔父も、同じように顔面を蒼白にした。そして兄妹が次々とその手紙を目にするやいなや、全員がよそよそしい顔で黙りこくってしまったという。

「なんてことを……」伯父が呻いた。

手紙には皆への詫びと、そばについて書かれていた。

〈お前たちのおふくろを忘れるな。あの優しかったおふくろとともに生きていってほしい〉

おじいさんは手紙のなかでそう訴え、遺灰をそば粉に混ぜたことを告白していた。

〈一度には使い切れん。だから三回忌まで死ぬのを延ばした。おふくろの味を忘れるな〉

結局、この一件は他言無用とのことで落着させられた。

親戚のなかで、あれ以来そばを口にしない者は多い。

這徊さん

小久保さんのマンションには足腰が立たないので匍匐《ほふく》前進でマンション内の廊下を徘徊《はいかい》する「這徊《はいかい》老人」がいる。人を発見すると無言で近づく。

かなり速い。

そして怖い。

フラスコ

明子は中学三年の夏、同じ学校のサッカー部の少年の子供を身籠ったという。妊娠に気づいた互いの両親が大騒ぎしながらも外聞を気にして内々に堕胎させ、ふたりの関係を解消させた……というよりも、少年のほうは事態の大きさに対する覚悟もなく錯乱してしまい、最後は幼稚園生に戻ってしまったような反応しかできなくなっていた。明子は卒業を待たずに転校し、翌年、都立高校に進学したが、五月になるかならぬかで突然、登校拒否をはじめ自室に籠るようになってしまった。

当時は〈ひきこもり〉などという言葉もなく、心中するか精神病院に突っ込むかなどという不毛な案しか浮かばぬ両親は、彼女のことを心配しつつも世間体を気にして、通院させるなど効果的な手は打たず、ただいたずらに〈困った困った〉と互いに原因をなじり合いながら時間を浪費していった。弟もいたが、深夜にこっそり家内を徘徊する以外は姿を現さず、トイレも風呂も家人が寝静まった時以外使わぬ姉と、顔を合わすことはなかった。

やがて家族の誰もが明子について語ることを避け、彼女は家族にとってのタブーとなり、部屋は〈あかずの間〉と化した。家族で出かけることはできなくなったが、もともと仕事に忙殺されている父が家族で出かけようと言い出すことはなかった。

家族は表面上を取り繕いながら暮らし、一年経ち、二年経ち、三年が経った。

異変に気がついたのは母だった。

明らかに娘が使った後の湯の汚れがひどく、異臭とともに毛が浮くようになっていた。異臭は二階の隣室にいる弟も気づいていたという。滅多に上がってこない両親だったが、弟に異臭を告げられ確かめに行くと、確かに饐《す》えた異臭が廊下に澱んでいる。

毛は短く、茶と黒の色が混じっていた。

それは便座や便所の床にも散らばっていたという。

父は母からのそういった相談をうるさそうに聞き流した。家のなかのことはおまえが工夫しろと言わんばかりの態度であった。また〈女同士、よく話し合え〉と怒鳴りつけることもあった。

ドアをノックしても返事はありようもなかった。あまりにノックをくり返すと、喚《わめ》き声とともに逆にドアを蹴り返された。口汚い罵り声も響いた。声は潰れ、しゃがれていた。

正直、母は恐ろしかった。弟も怯えていた。

それでも娘を心配した母は寝込んだのを装って、部屋から出てきた娘をソッと窺うことはあった。髪を膝まで伸び放題にさせた明子は奇妙な体型をしていた。

フラスコのようだと母は思った。上半身に比べて下半身が異様に腫れている。太っているとは言えなかった。汚れたワンピースの上半身は枯れ木のように細っているのだ。しかし、腹から腰にかけては膨らんでいた。

声をかけたかったが、できなかった。

明子の様子は顔を見るまでもなく異様だったし、手にはいつの間に持ち込んだのか錆びた包丁が握られていた。

翌朝、バスタブに太った白い蟲が浮いているのを母は見つける。

異臭は激しさを増した。

どうにかしなければと思っていたが、悩むばかりで疲れ果てる日々が続いていた。

するとあの少年の父から連絡があった。

明子から息子に毎日、脅迫メールが届いているという。

向こうの剣幕は尋常ではなかった。少年はノイローゼになってしまったと怒鳴られた。

携帯は〈顔を見て言いにくいこともメールでなら〉と母が明子の部屋の前に置き、料金だけは払っていたものだった。

「堕胎は確かなんでしょうな」

少年の父は念を押すように繰り返した。

母はそれは確かです。同道致しましたし、術中も待機しておりましたとくり返した。

「でも、いったいなぜそんなことをお訊ねになるのですか」

母は最後に問うた。

「お嬢さんは息子へ〈子がもう産まれるから親子で一緒に暮らせる〉とひっきりなしにメールを寄こしておるのです」


数日後、明子の部屋から、ただならぬ呻き声がした。ドアをノックしてもいつものような返事はなかった。ただただ苦しみ呻く声だけが間断なく廊下に溜まっていた。

両親と弟は意を決して鍵のかかったドアを破り、なかに入った。

躯にまとわりつくような腐臭が彼らを襲ったという。

真っ暗な室内は、ゴミと脱ぎ散らかされた衣類、雑誌、そして血のついたティッシュや新聞紙が山と層をなしていた。


奥のベッドに明子はいた。

尋常な様子ではなかった。

ワンピースにタオルケットをかけた彼女は、ひび割れた唇の合間からせわしなく荒い息を吐き、ただ天井を見つめるだけであった。

気がつくと、天井にも壁にも〈あかちゃん……あかちゃん〉という殴り書きと奇怪な子供の絵が描きつらねてあった。

〈あっ！〉とタオルケットを剥いだ弟が叫んだ。

腹が裂けんばかりに膨張していた。死んだ魚のように青白い皮膚が汗にぬめっていた。静脈が蜘蛛の巣のように膨れ上がり、何かが弾けるような音が続いていた。

吐き気を催す臭いが強まった。

既に明子に意識はなかった。

父は母に救急車を呼ぶよう階下に走らせた。

弟とふたりで明子を起こそうとすると布を裂くような音が破裂し、長く続いた。

明子の下半身がどす黒く変色し、みるみるうちに濡れた。

父がワンピースの裾を捲った。

腐敗汁の海のなかに、蛆が米を撒いたように溢れ返っていた。

それは娘の局部から挽肉のように次から次へと外へ逃げ出していた。

そしてその白い蠢《うごめ》く泡のなかに小さな骨片が浮いていた。

弟があぶくを噴いて失神した。


病院に収容された明子は一命を取り留めたが、精神科への入院を余儀なくされた。

明子は自分で〈流してしまった子〉を取り戻そうとしていた。

哀しいことにそれは孤独で無惨な作業だった。

明子のなかから出たのは腐敗しきった仔犬だった。

彼女の妄想はそれを腹に仕込み、自分の力で人に変えようとした。腐敗ガスで膨らむ腹を愛でていた。愛する人とよりを戻すことで〈生き直そう〉としたのだという。

メンパブ

「メンズパブ。ホストクラブより全然安いから行ってみない？　って言われたんです」

都内でOLをしている中村さんは今年の夏、ふいに先輩からそう声をかけられた。

聞くと、男性が女性を接待する店なのだという。

思わず、それって高いんじゃないですか？　と聞き返すと冒頭のような答えが返ってきた。

「簡単に言えばスナックの男版みたいなものなんだって。ね？　行こうよ」

あまり気は進まなかったが、話のタネにと承諾した。

「場所は新宿で」

何度か通っているという先輩は、勝手知ったる感じでコマ劇場の奥へ奥へと歩いていくのだが、中村さんはこんな裏通りへ足を踏み入れたことはなかった。

「ここだよ」

先輩はある雑居ビルへと入っていった。

エレベーターを降り、小さな重いドアを開けると、すぐに男性が声を掛けてきた。

「ほとんどホストクラブのノリなんですけど、内装とかがテレビで見るみたいにギンギラギンじゃないんです。本当に普通のスナックか居酒屋みたいな感じ」

案内されたテーブルにつくと、ホストがやってきて自己紹介した。

「先輩は指名の子がいたんであれですけれど、私は何もわからなかったから」

とりあえずテーブルについたホストと乾杯をした。

「メニューも安くて、でもやっぱり安いだけあってホストもカバちゃんみたいな人もいたりして、その辺はオカマバーみたいな感じでもありました」

先輩が指名した子はアキラといい、さすがにその店のホストの中では美形だった。

「よろしく……」

アキラは二十歳そこそこ、肌もつやつやしていた。

「思いっきりジャニーズ系でしょ？」

先輩が上機嫌で茶化すように言うと、「よせよ」とアキラは照れてみせた。

「なんかこんなとこに勤めていながら、スレてない感じがしたんですよね」

中村さんもアキラには好印象を持った。

二時間ほど過ぎた頃、ふたりは店を後にした。

あっという間だったが、思ったより高くもなく、褒められ持ち上げられ、しゃべり倒し、何だかふわふわして良い気分だった。

「ねぇ！」

外に出て駅に向かっていると、後ろから声を掛けられた。

振り向くとアキラだった。

「もう帰る？　もう少し飲まない？　俺、仕事終わったんだ」

どうする？　と先輩は聞いてきたが、行く気マンマンといった感じだった。

「あんたが行くなら行くけど」

先輩はそう付け足した。

「じゃあ、行こう！」

アキラはふたりを先導して、知り合いの店に彼女たちを連れて行った。

「そこは本当にぐちゃぐちゃ、細かな店が寄り集まった長屋みたいなところで」

友達のひとりがそこのマスターをしているのだとアキラは言った。

急勾配の階段を上った二階。五人も入れば一杯になってしまうほどの店だった。

「なんにします?」

アキラと同年配のマスターがにこにこと笑いかけてきた。

ふたりはサワーを頼むと、アキラとマスターを相手に飲み始めた。

二杯ほど飲んだだろうか、そろそろ終電の時刻じゃないかなと時計を見たところ、文字盤が見えなくなっていた。

「あれ?」

短い悲鳴を上げた時、先輩の躯がグラッとスツールから床に落下するのが見えた。

そこで記憶はぷっつりと途絶えた。


「気がつくとベンチの横に倒れてたんです。新大久保の公園」

既に陽は高かった。

鞄とハイヒールがベンチの上に並べられていた。

腰に激痛が走った。起こすことができず、しばらく躯を丸めたまま唸っていた。

通行人が知らん顔で通り過ぎていった。

先輩の姿はなかった。

腰の痛みは寝ていても治らず、今や背中全体に広がっていた。

彼女はゆっくり躯を起こした。

重力が五倍増しになったように、手も足も全てが重かった。

鞄から携帯を探したが、無くなっていた。

「とにかく腰が痛い、重い。まるでピンで留められた昆虫採集の虫になった気分でした」

ベンチに座り直し、ヒールを履こうとしたができなかった。

どうしても躯を曲げると激痛が走る。

財布は無事だった。

仕方なく彼女はタクシーを掴まえようと裸足で車道に出た。

「でも服は泥だらけだし、裸足で髪を振り乱していたんで誰も停まってくれないんです」

立っていられなくなって近くのコンビニに入ったが、電話を貸して欲しいと告げるのが精一杯だった。店主が露骨に迷惑そうな顔をした。この人なら迷惑掛けても良いか……そんなことを考えたら、再び気絶した。

「気がつくと今度は、病院の集中治療室だったんです」

二度目に目を覚ますと既に一般病棟へと移されていた。

目が覚めたと看護師から連絡を受けたらしい医師がやってきた。

「あなたは昨日、ドナーとして移植手術をされましたか？」

医師はそう告げた。

意味がわからなかった。

「検査の結果と腰の傷から、あなたは骨髄液を抽出された疑いがあります。どこでそのような処置をされましたが」

答える前に再び、気が遠くなった。


「先輩も同じだったみたいで」

彼女の証言によって警察が介入したが、あのメンズパブにアキラは既にいなかった。

「それと二度目に行った店が全然、わからなくて」

結局、何度も警察に同行し、辺りのそれらしい店を探したが、発見することはできなかった。

メンズパブからもアキラの履歴書は提出されたが、全てがでたらめだったという。

「結局、メンパブはこの件に関して全く関与なしってことだから……手も足も出なくなっちゃったのね」

先輩にしても三回行っただけのことで、アキラの個人情報など何ひとつ知らなかった。

今も捜査は続いているが、何か収穫があったという連絡は一切ない。

607

深夜、シャワーを浴びていると突然、ライトが消えたという。

朝宮さんが振り返ると、ユニットバスのドアの隙間からノコギリが差し込まれていた。

部屋の灯りで扉の向こうに誰かが立っているのがわかった。

ノコギリはゆっくりと上に下に揺れていた。

シャワーを止めた。

「誰？」

自分の声が震えているのがわかる。

〈馬鹿にしやがって……〉

「何をですか？」

ノコギリが引っ込むと、ザシュザシュと音がした。

肉と皮のささくれた腕が突き出された。
出血が床にこぼれ、排水口に吸い込まれていった。
〈おまえも刻んでやる〉
その言葉に彼女は思わず毛剃り用の剃刀《かみそり》を取り上げた。
男が一歩でも入ってきたら抵抗しようと思った。
黙って殺されるのは厭だった。
〈え？　あ……〉
と、男が言った。
〈ここは６０７号室？〉
「え？　５０７ですよ」
男の姿は消え、ドアの閉まる音がした。
〈すみません〉
と言ったような気がしたという。
６０７がどうなったのかは知らない。

祟《たた》り場

別れた後もなかなか縁が切れなかったのだと戸田さんは言う。

「私ははっきりと断ったつもりなんだけど……」

クラブの用事、学校の行事、友達への連絡、付き合っていた時の物の貸し借り、何かにつけてその男は戸田さんに接触しようとしてきた。

そして逢えば必ず〈やり直し〉の話になった。

彼女はそんな彼に業《ごう》を煮やし、遂に〈死んでもやり直さない〉と絶交宣言をしたのだという。

彼はふつりと大学のクラブへも顔を見せなくなった。

ただ、知り合いからは〈ひどい目に遭わされた〉〈しつこく小汚い女だった〉〈ずいぶんと金を搾《しぼ》り取られた〉などと陰口を叩いていることは耳にした。

「でも、そんな噂を聞く度にほんと別れて良かったなという気持ちが強くなりました」

男と彼女はクラブの先輩後輩同士だった。そのクラブは彼女の女子大と男のいた大学との長年の交流から生まれたと聞いていた。なんのことはない、春夏はテニスをし、冬にはスキーに行くという〈男女の交流〉以外にはなんの取り柄もないようなお遊びクラブであった。それでも上京したての彼女には楽しかった。

地元ではそこそこのやり手として区議会議員も務めた父親は、ひとり娘である彼女を厳しく監視した。

たとえば高校時代、曇天の日の運動会の成否を知らせる連絡であったとしても男からの電話は彼女に取りつがれることはなかった。

〈箱入り娘〉だったのである。

彼女曰く、それゆえに〈男を見る目〉もなく、たまたま格好が良く、金回りの良かった男と口説かれるままに交際を始めてしまったというのが実情であった。

しかし、いかに田舎の箱入り娘であっても、そんなベニヤのように薄っぺらい男の中身が知れるのに時間はかからなかった。

「単に親が甘やかしているだけだったんです。車も学校も服も遊ぶお金も全部親がかり、本人はバイトひとつまともにしたことがないような人だったんです」

彼女は男と別れると目が覚めたように勉強を始めた。男が身にまとっていた〈偽物〉の臭いが自分にも同程度に染みついていることを自覚したという。

「わたし、彼のことは嫌いになったけど、自分と彼はとても似ていたとわかったんです」

彼女も彼同様に親がかりで生きてきた人間だった。

故に、それをなんとも思わず遊び呆けているような人間に堕ちたくはなかった。

彼女は意を決して勉強に集中していった。

そんな最中にも男は〈よりを戻そう〉として何かしら接触を続けてきていたのだ。

「死んでもやり直す気はない」と言ったのはそんな時だった。男は彼女に自殺をほのめかすような文言を告げたのだった。嘘だとわかった。そんな根性は彼にはなかった。既に別の女ができているとも男の仲間から聞いていた。男は単に〈自分から離れる女〉が許せなかっただけなのだ。

「これで負けたわけじゃないぞ」

戸田さんは外車に乗り込みながら捨て台詞《ぜりふ》を吐いた男を呆然として見送った。

彼は〈勝ち負け〉にこだわって無意味な時間を費やし、また彼女に費やさせていたのだった。寒気がした。携帯も変え、彼との連絡は絶った。

その後も深夜に酔った声とともに部屋のドアが叩かれたり、駅のホームで待ち伏せされたりしたが彼女は断固とした態度を取り続けた。

やがて、ポストに下手な字で〈地獄行き〉という殴り書きを残して男は消えた。

メモを見た時にゾッとした。

「ただ捨てるのは怖かったんで台所で焼いてから、トイレに灰を流しました」

戸田さんは体を震わせた。


翌年の夏、彼女はいつもより少し早めに帰省した。

その年、彼女の家では良くないことが続いていた。まず父親の会社でボヤ騒ぎが発生した。母親は春先にバイクと接触し、腰の骨に罅《ひび》が入る怪我をした。高校生の弟は受験を前にしてクラブの練習中に右腕を折る大怪我で入院したままだった。

長年、医者要らずで過ごしてきた家族だったのに、ここのところずっと医者通いから縁が切れなくなっていた。

「もう歳だなぁ……おまえも早くいい人を見つけてくれよ」父親はぽつりと呟いた。

父親は胃にポリープが発見されたため、翌週にカメラを飲まなければならなかった。

「うん……」戸田さんは葡萄《ぶどう》の皮を剥きながら頷いた。

自分がいないうちに家の活力がすっかり奪われてしまったような寂しさにめげていた。

あと数日で上京するという晩、妙なものを見つけた。それは素焼きの狛犬《こまいぬ》だった。

以前、男が自分に贈ったものに似ていた。

男の実家は代々その素焼きの狛犬を売っている神社の氏子だと言っていた。

手に取ってみた。同じ物だとは言えないが、似ていた。同様の物が他で売られているのを彼女は見たことがなかった。

「これどうしたの?」

「ああ、それ、もうだいぶ前に貰ったのよ」

母親はアパートの人間が挨拶がてら持ってきたのだと説明した。両親は自宅敷地の隅で二階建ての木造アパートを建てて経営していた。

「どんな人?」

「単身赴任で東京からきて研究所に勤めているらしいわよ。ほとんど研究所に詰めたっきりだから滅多に帰ってきてないみたいだけど……」

男の歳は彼女と同じか離れていてもふたつぐらいだろうと母親は言った。名前は違っていた。しかし、髪型や背格好は同じだった。

「すごく厭な感じがしました。酢を飲んだように胃がキュッと萎《しぼ》んで」

無論、男との交際などは両親に知らせていない。

翌日、その部屋の前に立ってみた。なんの変哲《へんてつ》もない、がらんとした雰囲気だった。木製のドアにある小さな手書きの表札には見知らぬ名前があった。洗濯機はなく、新聞も取っている様子はなかった。電気のメーターすら回っていない。なかを覗けないかと思ったが無理だった。

翌日、彼女は母親の目を盗んで合い鍵を取り出すとあの部屋に向かった。

殆どが勤め人ばかりであるそのアパートは平日の昼間なら人目につく心配はなかった。ドアは簡単に開いた。その途端、湿気と黴《かび》の〈病んだ臭い〉が鼻をついた。

「何か重さのある臭いでした……ずぅ～んと押し寄せてくるような、なんとも言えない……」

カーテンを閉め切った部屋のなかは暗かった。それでも何が部屋のなかに置かれているかはすぐに理解できた。

戸田さんは言葉を失った。

古い墓石の欠片《かけら》と木腐れした卒塔婆《そとうば》、菊を巻いていたらしい白い花束の残骸、お供えされていたと思われるオモチャ、ぬいぐるみ、お札、手足の欠けた日本人形などが所狭しと放り出されてあった。

そして壁には引き伸ばされた彼女の写真。目にナイフが突き立っていた。

「彼はそこを呪われた場所に変えようとしていたのだと思います。悪い運気や霊を呼び込み、吹き溜まらせる〈祟り場〉にしようとしていたんだと思います」

彼女は両親にわけを説明し、不動産屋には契約不実記載として即時、解約をして貰うように頼んだという。

戸田さんが今、住んでいる部屋を決めたのはセキュリティがしっかりしていることと上下左右に既に人が住んでいたからだと言った。

男は今でも彼女のマンションの下に立っていることがある。

終末ラーメン

細木君は大学時代、父の弟にあたるおじさんのラーメン屋でバイトをしていた。

叔父は山陰地方から京浜工業地帯へと工員として働くうちに〝いくら良い製品を作ったって自分のことをお客さんに憶えて貰えるわけじゃない〟と思い、さっさと工場を辞めると行きつけのラーメン屋で修行をし、全国ラーメン行脚《あんぎゃ》をして工夫に工夫を重ねたラーメンを作り上げ、今では小さいながらも固定客がひきも切らない人気店として営業を続けていた。

「手伝いっていっても出前をするわけじゃないですから、洗い場が主ですね。簡単な材料を切ったり、翌日の仕込みを手伝ったり」

それでもラーメン屋とは彼が想像した以上に過酷な現場であった。

「寸胴《ずんどう》で年中、スープを沸かしてるわけですから厨房の熱っていうのがすごいんですよ」

当然、素人同然の彼は夏休みに行くと必ず倒れていたという。

叔父は隙を見て〝塩を舐めろ〟と教えてくれた。

「汗で塩が全部出ちゃうと脱水症状っていうんですか、指から爪先まで全身の腱がつっぱらかっちゃって、指なんか鳥のくちばしみたいに、つぼまってシャツも脱げないんです」

叔父さんの仕事に対する熱意は大変なものだった。朝は五時から夜は二時まで立ち通し、働き通しでもまったく疲れた様子を見せなかった。

「まあ、〈中抜き〉って言って、昼と夜の間に二時間ほど休憩がありますけど、従業員なんかはみんな裏で段ボール敷いたまんま倒れたように寝てますね」

叔父さんは客への愛想も良かった。味で勝負だという店にありがちな横柄な態度は決して取らなかった。ただ常連のうち特に親しくなった人に対してだけは〈仲間口〉になっていたが、それでも度を超すことはなかった。

「おじさん……中野さん最近、来てるの？」

細木君はその年の春休み、よく見かけた常連の名を告げた。

「あ、あぁ。あれはもう来ねえ」

叔父さんは麺を手早くあげながら言い切った。

「え、どうして?」

「死んだ」

叔父さんは彼を見ることなくラーメンをカウンターに並べ、スタッフに声をかけた。

「その人は東大出っていうことで憶えてたんです。話も面白くてね。週に二、三度、いや下手すれば四、五回は来てたな」

死因は肝硬変だと叔父は教えてくれた。

「そう言えばずいぶん顔色が悪かったたな」

線の細い男の顔を彼は思い浮かべていた。

確かに叔父さんのラーメンは躯に良いとは思えなかった。化学調味料たっぷりのスープに豚の脂が一センチほど膜を作って浮いている。そのために冬場でもさほど湯気が立たない。冷めているのではない、湯気を脂の膜が包んでしまうので立ちにくくなっているのだ。

それに常連客は一様にニンニク、コショウを鼻が曲がるほどブチ込んで汗をダラダラ垂らして飲み込んでいくのだ。

「おい、ポラもってこい!」

ある時、彼は叔父さんに言われ、倉庫兼事務所の机の上からポラロイドカメラを運んだ。

「おまえ、撮ってくれよ」

そう言われて常連のひとりと並んだ叔父さんをカメラに納めた。叔父さんが、出てきた印画紙を暫く風にあてるつもりで振っていると人物が浮かび上がってきた。

「これでおまえもウチの殿堂入りだ」

顔色の悪い客と叔父さんは写真を手にして笑い合った。

事務所脇の柱にそのポラ写真は画鋲止めされた。既に脂に灼けて判別できない物まで入れると五十枚以上並んでいる。

ある夜、たまたま帰り支度が遅くなった彼がぼんやり写真を眺めていると、叔父さんが横に立っていた。

「どうだ。すげえだろ。みんな死んじまってるんだぞ」

「えっ?」

「こっちのは、みんなウチのラーメンで馬鹿になって、毎日毎日食べにきて肝臓ぶっこわしてオダブツだ」

叔父さんは古くなった写真のほうを指さした。あの東大の客も含まれていた。

「それで、今、死に中なのが、こっちだな」

比較的、新しいポラに向かって丸を描いた。

「でも、来年にはすぐこっちになる」

「みんな死ンじゃうの？」

「ウチみてえな高カロリー、高蛋白、食塩過多、化学調味料過多のラーメンを週に四回も五回も喰ってみろ。尻からラードが出るぜ。だから俺は脂肪肝だって診断されて、躯に蕁《じん》麻疹《ましん》が出ても懲りずに喰いに来続ける奴は、写真に残すことにしている。これだって全部じゃないだろう。俺の知らねえとこで死ンじまってるのもいっぱいいるはずだ」

細木君が言葉を失っていると叔父さんは続けた。

「それでもな。東京ってとこはそういう味じゃないと商売にならねえんだ。手間ひまかけていいモン作っても、味にヒステリーがないと売れねえ。何度か俺も躯に良くて、それでも旨いものを目指したが、それじゃ駄目だ。結局、毒じゃなきゃ旨いって言わねえんだ。憶えて貰えないんだな。変なとこだよココは。旨い旨いって銭払ってまで毒喰いたがる奴がウジャウジャいるんだ」

「じゃあ……今日の人も」

「あれはもって正月。週に五回。それも来るたんびに特注だ」

「特注?」

「完全に舌が莫迦になってる。あいつに出してるスープには塩が普通の三倍、化学調味料もドンブリの底でゴリゴリになるほど入れてるんだ。それをスープの表面が真っ黒になるほどコショウをかけて舌や喉を灼きながら食べる。そうでないと喰った気がしないんだろう。うちじゃ〈味濃い目〉ってのがあるだろう。奴らはだんだんエスカレートするんだ」

叔父さんは指に挟んでいた煙草を床に捨てた。

「不思議なことに、頭のいい奴に多いんだよなあ。ああいうの……。きっと勉強ばっかかで母ちゃんがちゃんとした飯喰わせてなかったんだろうな」

その後、細木君は就職活動のためにバイトを辞める挨拶に行った。

「外食してもラーメンだけはよせよ」叔父さんはポツリ呟いた。

窓辺

「ずいぶん、ひどい泣き方をしていたんだよな」

足立君が昔住んでいたアパートの向かいには、道路を挟んでマンションがあった。

「ちょうど俺の部屋の真っ正面にある部屋なんだけど」

子供が泣いていた。

「普段からよく泣いている子だったんだけど……」

時折、焼きごてでも当てられたかのような絶叫をした。

今のように児童虐待などという言葉がそれほど喧伝《けんでん》される前の話である。

「ふたつかみっつだと思うんだ」

たまにベランダでひとり、下を行き交う車を眺めている姿が見受けられた。

女の子だったという。

泣き声は昼夜を問わず起こった。

母親は神経質そうな女で、何度か道ですれ違うことがあったが一度も我が子を連れていたことはなかった。

ある年の夏、窓を開け放していると泣き声が飛び込んできた。

またかよ……。

半ば呆れながら窓を見ると、あちらの部屋は電気が点いておらず、カーテンが暗い部屋のなかに向かって静かに揺れていた。

ギャン！

犬が潰されるような声がした。

何やってんだよ……。

あまりのことに彼は、いいかげんにしろ！　と怒鳴っていた。

泣き声は止み、やがて顔を出した母親が、周囲を窺うようにして窓を閉めた。

それから二日後の朝、彼は、女の子を抱いてベランダにいる母親を見かけた。

女の子は寝入っており、母親はあやすように躯を揺すっていた。

「それが今までとはずいぶん印象が違って。最初、同じ女だと思えなかった」

それは穏やかな優しい母親の顔だったという。

……やっぱり母親なんだ。

彼が会釈をすると、女も微笑みながら返してきた。


女が傷害致死で逮捕されたのはその翌日のことだった。

折檻の挙げ句、イビリ殺してしまったのである。

「新聞で見た時、ゾッとした。あんなに優しい顔をして抱いていたのに……って」

だが、彼は女児が殺されたのがベランダで見かけた前夜であることを知ると、二度ゾッとした。

「死んだ子を抱いて、なんであんな顔ができるんだろう……」

足立君はそう呟いた。

いってもどっていってもどる

「天花糖《てんかとう》っていってな。とにかく凄まじい効き目だっていうんだよ」

小山は大陸産のドラッグについて教えてくれた。

「まだこっちには上陸していないんだけど、向こうは日本での新しい取引先を探してるんで〈在〉の奴らに対して、いろいろプロモーションぽいことを仕掛けてきてるんだな。で、その一環として大陸に先輩たちが招待されたんだ」

三泊四日の日程で、当然のことながら夕方から夜にかけては連日、盛大な宴会が行われたのだという。人数は十人、いずれも名のある組の人間ばかりだったという。

最終夜、そろそろ本題に入るだろうと思っていると、彼らはホテルにやってきたバスに積み込まれ、町はずれの倉庫へと案内された。

普段はよほど大きなものを格納してある倉庫に思えたが、彼らが入った時にはがらんとだだっ広い空間にぽつんとソファと飲み物が用意されていた。

〈ゆっくりご覧下さい〉

通訳が皆に、リーダーらしき相手側の人間の言葉を伝えた。

各々がソファに座り、飲み物に手を伸ばし始めると説明が始まった。

それによると、彼らが手がけているドラッグは、その快味により一度はまった人間は決して離れることができないという。

その後、十分程度、簡単な薬学的説明があり、それが終わると照明がある一角を除いて落とされた。

リーダーのかけ声で、どこに待機していたのか裸の男女ふたりが光の中に引き立てられるようにして現れた。

〈彼らは我々に買われた人間。心臓から毛髪まで換金されてしまった人間です〉

「歳はふたりとも若かったらしいよ。三十まではいってないんじゃないかって。ただし、見るからにジャンキーだったらしいけどな」

そのふたりは奇妙な歩き方をしていた。

たった五メートルほどを、そろりそろりとナメクジのようにゆっくり進んだ。

〈彼らは既に天花糖のファンです。今は切れているので、とても欲しい躯になっています〉

通訳の声が暗闇のなか、マイクによって流れてきた。

男女は腹に、男は〈火〉、女は〈水〉と墨書きされていた。

ふたりとも痩せさらばえ、肋《あばら》が浮き、目が宙を泳ぎ、どこにでもいるポン中を彷彿《ほうふつ》とさせた。

そこでリーダーがふたりの口元を指さした。

糸が出ていた。

〈この糸はこの者たちの躯を貫いています〉

後ろ向きにされると今度は彼らの尻の間からも出ている糸を助手が手に取った。

〈このふたりは一週間前、糸を巻いた小さな貝を飲みました。そして昨日、やっと貝が出てきました。つまり、この糸は口から入って尻から出ています。食堂、胃、小腸、大腸を時間をかけて通ってきました。彼らがゆっくりしか動かないのは痛いからです。激痛。そうすごい激痛です。でも天花糖を少しあげれば、そんな痛みはどうでも良くなる。天花糖、とても素晴らしい薬。世の中の苦しみ、哀しみ、寂しさ、虚しさ、全部忘れます。そ

れをご覧に入れます〉

照明が広がり、裸の男女の奥に三十メートルぐらいの間隔を開けて大きな木彫りの像が四体、対《つい》になって配置されているのがわかった。

ふたりは像と像の間、ちょうど、中間の位置に立たされた。

「そこで像にくくられた同じような糸と、奴らから飛び出している糸の端と端が結ばれたんだと」

糸は遊びのないようにピンッと張られたという。

よほど苦しいのか作業中〈うっ〉〈うっ〉と男も女も呻き声を上げた。

やがて準備が整い、手前に女、奥に男が糸人形のように横向きに立った。

痩せぎすな躯に不釣り合いなほど大きな女の乳房が揺れていたという。

ぼわーんと合図の鉦《かね》が鳴ると、暗闇から出てきた男がふたりに白い粉を嗅がせた。

ふたりは男たちの手元を見ただけで短い歓喜の声を上げ、それを吸った。

次いで糸が結んである像の皿状になった部分へ、同じような粉がそっと載せられた。

それに気づいた男女は目をぎらつかせ、十五メートルほど先にある像に向かって動き始めた。

「いやぁぁぁぁ」

「ううう」

細い悲鳴がふたりの口から漏れた。

粉は、男は上手、女は下手の別々の像に置かれたので、観客から見るとふたりは逆の方向へと移動していることになった。

見るとふたりの足下には点々と血が落ちていた。

〈内臓が切れていきます……〉

通訳の声が暗闇から響いた。

激痛から身を捩《よじ》り、途中何度も立ち止まりながらも、ふたりは像に辿り着いた。

真っ青な顔、全身に脂汗が浮いていた。

彼らは一心不乱に薬を吸うと、もっとくれと言うように顔を上げた。すると反対側にそっと粉が盛られた。

それを振り返ることのできない彼らに、像の傍にいた男たちが身振りで教えた。

彼らはゆっくりと後ずさりし始めた。

中頃まで来ると既に肛門からの出血がふたりの両足を朱に染めていた。

そして反対側まで来ると、像についていた男たちが彼らに薬を与え、また反対側の像に粉が盛られた。

「うごぁ」

突然、男が喀血《かっけつ》した。床に落ちた物の中には血だけではない明らかに肉片と思われるものまでが散らばっていた。

既に彼らの内臓が糸によって徐々に寸断されているのがわかった。

〈それでも歩きます……。欲しいからです〉

声が響いた。

その言葉に従うかのように男は歩き始めた。女は既に像に到達しつつあった。

「げぇげぇげげげ～」

男があと少しで到達するというところで立ち止まり、進めなくなってしまった。

すると係の男が、粉を載せた皿を持って近づいた。

男は不意に身を起こすと歩いた。

ビュッと破裂したような音がした。

赤黒い肉が尻の間からぽとりと落ちた。

男の足が止まった。
「あいあいあいあい……」
げーっと大量に血を吐くと、男の胸元は真っ赤になった。
男は血を吐きながらも移動した。
その度に男は肉を産み落としていった。
〈動きます……欲しいのです。欲しいから内臓が細切れになっても動きます〉
動かなくなった。
男は粉を鼻先に持ってこられても、なんの反応も示さなくなった。
歩いた後には挽肉のようなものが点々と積もっていた。
男は糸が切られると人形のように床に崩れた。
ゴッと顔面を鳴らして床に叩きつけられても反応はなかった。
するとそこまで止まっていた女が皿を目の前に差し出されるとまた歩き始めた。
女の股間も血に塗れていた。
鼻からもだらだらと出血が続いていた。
「その女は六往復したらしい」

五往復目に女は止まった。

既に足下に落ちている挽肉の量は男よりも多かった。

「ううう〜ん」

初めて大きな苦悶の声を上げた。

それでも目は像の上の皿を見つめていた。

突然、女は決意したかのように早足に歩いた。

ブシュッと血が霧になって肛門から吹き出した。

と、到達寸前で係の男が女を捕まえ、後ろに引き戻した。

「いぎゃいぎゃいぎゃいぎゅ、ぎぎぎぃぃぃ」

無理矢理、引き戻された女は叫び、悶えた。

振り払うようにして男たちの手から逃れ、体勢を整えた瞬間、女は血の放屁をした。

「あっはっはっは」

ひと声、悲鳴のような笑い声を上げると女は像に向かって勢いよく駆け出した。

ところが、あと一歩のところで突然、ぶりぶりぶりぶりと大音量で女は肉を尻から産み落とし、それを踏みつけたために滑って糸を軸にして宙ぶらりんになってしまった。

そしてまた、放屁。

宙に浮いた女の手がぱたんと床に落ちると、二度と動くことはなかった。

照明が落ち、別のところが明るくなった。

そこにはチャイナドレスに身を包んだ女たちが、ソファで客に向かって愛想良く手招きをしていた。

ショーは終わった。

彼らは待機していたバスに乗り、ホテルへと帰った。

「値が合わなかったらしくてウチじゃ扱わないらしいけどね、西のほうで手がけようっていうところが、いくつか出てきたらしいよ」

小山は眉をひそめ、紫煙を吐き出した。

となりの女

由美子さんは大手家電量販店に勤めるご主人と三歳になる息子との三人暮らし。

結婚した当時、住んでいたのはご主人が独身時代から借りているマンションだった。

「親からは新居を借りればって勧められたんですけど、それほど給料がいいわけじゃないし、ある程度、貯金ができるまでは我慢しようって」

隣には独身の女がいた。

「サキコっていうんですけど」

歳は由美子さんと同じ、少し陰のある女だったが新しくやってきた由美子さんに、ゴミの出し方や組合の案内など、ご主人では目の届かない細々したことを親切に教えてくれたのだという。

「塾の教師をしているとかで」

昼間は手が空いているのか、ふたりはすぐに仲良くなった。

やがて由美子さんが第一子を妊娠した。サキコは、遠方でなかなか来られない由美子さんの両親に代わり手伝いを自ら進んでやってくれた。

「あの時は本当に助かったんです。わたし、胎盤剥離の可能性があるって言われて、妊娠がわかってから入退院を繰り返していたものですから」

その後、流産の危機を脱した彼女は無事に出産を終えた。

サキコは献身的と言っていいほど、彼女の支えになってくれたという。

「主人も私も本当に感謝していて。しかも初産だったこともあって、退院してからも彼女に頼り切っていましたね」

妙なことに気づいたのは、帰宅してすぐだった。

「息子があまり母乳を飲まないんです。食が細いわけではないんですけれど、よく飲む時と飲まない時とムラがあって、困ったなあと思ってたんですけど」

当時、由美子さんは産後の肥立ちが悪く、医者からもできるだけ休息を取るように勧められていた。

「だけど息子の夜泣きが、ひどくて……」

夜中はほとんど眠ることができない。

仕方なく昼間、サキコに預け、昼寝をさせてもらうようにした。

「振り返ると、息子の飲み方のムラはその辺りから始まったんです」

妙なことはまだあった。サキコが太ったのである。

やせ気味だった躯が少しぽっちゃりとしてきた。

「あんまり、太ったね、なんて言えないから黙ってましたけど」

ある日、サキコの部屋から戻ってきた息子が何かの弾みで吐いてしまったことがあった。

由美子さんは、びっくりして泣きじゃくる息子をなだめると、後始末をしていた。

雑巾で汚れを拭いていると、妙に甘ったるい臭いがたちこめていた。

「あんまりぐずるからミルクでもあげたのかしら」

母乳で育てたかった由美子さんは、自分の母乳を凍らせたものをサキコに預けていた。

ぐずった場合には湯煎で戻してから与えてくれと頼んでいた。

それから数日後、また由美子さんは体調がすぐれず、息子をサキコに預けると寝込んでいた。

「なんだか不意に胸騒ぎがしたんですよね」

彼女はそっと部屋を出るとサキコの部屋に向かった。

チャイムは鳴らさなかった。

その方がいいと、頭のどこかで感じていた。

鍵はかかっていなかった。

ドアをそっと開け、廊下を行くと、奥の部屋からサキコの声がした。

『わたしがママよ。おまえのママはわたし。あの女じゃないのよ……』

見ると椅子に座ったサキコが息子を胸に抱き、乳首を含ませていた。

『いっぱい飲むんだよ。あの女のは毒だから。臭い汁。苦い汁だからね。ママのを飲むんだよ』

赤ん坊が掴んだ別の乳首からは母乳が垂れていた。

由美子さんは悲鳴を上げると駆け込み、サキコから息子を取り返すと部屋に戻った。

すると猛烈な勢いでドアが叩かれ、チャイムが鳴らされた。

サキコだった。

ドアスコープで確認すると、目がつり上がり正気とは思えない形相をしていた。

『こどもを返してよ！　こどもを返せよ！　こども！　こども！　私のこどもぉぉ！』

サキコはそう怒鳴ると、今度は廊下に面した風呂場の桟を力任せに引き剥がし始めた。

「やめて！」

『返せよぉ！　わたしのぉ！　わたしの、だろう！』

「何言ってるの！　これはわたしの子なの！」

サキコは風呂場のガラスを殴りつけ、割ろうとしたがワイヤーが入っているのでヒビは入っても砕けることはなかった。

すると、ほじくるようにしてガラスの穴に指を突っ込んできた。

爪が剝がれ、血を滴らせた指がガラスの向こうの人影と一緒に蠢いた。

「やめてよ！」

サキコは不意に穴から目を覗かせた。

『にくい……にくいよ……あんたばっかり……ずるい……』

地の底から呻くような声が聞こえた。

由美子さんは悲鳴を上げると通報した。

「実はサキコは不倫していた人の子を何度か堕胎していたそうなんです。で、最後には処置が可能な期間を大幅に過ぎていた子どもを掻爬《そうは》して、もう産めなくなってしまったようで。それがちょうどわたしの出産の時期と重なっていたんです。それで毎日、見ているうちにわたしの子が自分の子のように見えてきたらしくって……」

由美子さんは即日、実家に息子とともに戻り、その間にご主人は新しい引っ越し先を見つけてきた。

「良かったなと思うのは、あの子、全然あの女のこと憶えていないんです。それが救いでしたね」

由美子さんはほっと溜息をついて微笑んだ。

風呂ぶた

妙な男だった。

歳は十八と若いのだが、会った感じが老けていた。

単なる老け顔というのとは異なり、全体的な佇まいが年齢を感じさせた。

彼は、普通なら確認してきそうな休憩時間や時給についても、たいして興味を持っていないように思えた。

妙なことは服装からも感じられた。

既に五月になっているのに、彼はセーターを着ていたのである。

黒に近い灰色のざっくりとしたもので、それがお腹の辺りで緑色の糸に変わり、ベルトのように見えた。

髪はおかっぱで、目つきは半眼に近かった。

河童《かっぱ》が人間に変身し損なったら、こんな感じかもしれないなと思った。

「シミズです」

と彼は言った。

少し訛りがあり、訊くと東北から大学受験のために出てきたのだが、現在は浪人中だという。

「浪人中でバイトなんかしてて良いのかい?」

二十四時間用の夜勤がいなかったので、彼の歳の人間は喉から手が出るほど欲しかったが、私はそう訊ねた。

「イーです。気晴らしになるから」

シミズは、陳列棚の裏に作られた倉庫兼事務所の狭い空間を、興味深げに眺めた。


彼には週に二回の夜勤を頼んだ。

下宿が店に近いということもあり、朝の主婦が手間取って遅刻した時にも、彼は文句も言わずに延長して入ってくれたので有り難かった。

仕事も真面目で、愛想がないのが玉に瑕だったが、夜勤者にそこまで求めてはいられない。何しろ、夜勤がいなければ店長である自分がやらなければならず、そうなると深夜勤から午後の精算を終えるまでの十五時間ほどが、ぶっ通しになってしまうのだ。そんなことを週に二回もしてはいられない。

シミズは人の欠勤をよく言い当てた。

引き継ぎで顔を合わせている人間であればそれも理解できるが、彼の場合は壁に貼り出してあるスケジュール表を見て、「店長、この人は気をつけた方が良い」と告げるのであった。

「知ってるのか?」と訊くと「知らない」と言う。

で、大抵は当日病気になったり親戚に不幸はあったりで、指さされた人間は欠勤した。

憶えている限りでは、シミズの予言は外れたことがなかったように思う。

また、夜勤者から出勤時間ぎりぎりでドタキャンの電話が入り、頭を抱えていると、シミズがふらりと買い物にやってきて、そのまま助っ人に入ってくれたりもした。

そんな時、「おまえ、知ってたの?」と訊くと、「ええ」と頷いたりした。

シミズは口下手だったけれど、少しずつバイト仲間に気に入られるようになった。

聞くと結構、助けられている者が多かった。

例えば、女の子がバイトを終えデートの待ち合わせ場所に急いでいる時、シミズはいつもと違うバスを勧めたりする。その路線だと五分程度遠回りになるのだが、シミズの予言を知っていた彼女は言いつけに従っていく。と、後で通常のバスが、目の前で人身事故が起きたため、半時間ほど立ち往生していたことがわかったりする。

そういう経験を持つバイトが増えていった。

しかしシミズは、ことさらそれを誇ったりはしなかった。

一応言っておく、とぃった程度なのだ。

ある夜、溜まった書類整理をしていると夜勤の時間と重なった。

で、そのまま仕事をしていると、明け方までシミズとふたりっきりになった。

二時頃、事務所に戻ってきたシミズに私は訊ねてみた。

「不思議だなあ。昔っからそうなの？」

「うん」と彼は頷いた。シミズはそれきり黙ってしまった。

沈黙が続いた。

私はもしかすると、これは訊いてはいけないことだったのかと申し訳なく思っていた。

ふいに、シミズが「良いですか」と言ってセーターの裾を捲り上げた。

背中一面と左の脇腹にかけて、醜いケロイドの痕が広がっていた。

「僕、一度死にかけたんです」

シミズは言った。

「小さい時、母親が目を離した隙に煮えたぎったお風呂に落ちたんです。その時の火傷の痕なんです。蓋はしてあったんですけれど、僕の重みで外れてしまって……」

大騒ぎになったという。息子の異常な悲鳴を聞いた母親は風呂場に駆け込み、彼を抱きかかえるとそのまま病院へと飛び込んだ。一年近く入院し、何度も危篤になった。

「結局、十回近く手術して。僕の顔が少し変なのも、植皮手術の後遺症なんです。髪のなかを引っ張って縫ってあったり、耳を作り直したりしたから……」

顔は注意して見なければわからないほどに治っていた。

しかし、もんじゃ焼きの表面のようになってしまっている背中の傷は惨《むご》かった。

シミズは傷を見せたまま私に向かい合った。

「退院して暫くしてから、ちょっと変なことになったんです」

シミズは脇腹に伸びた傷を指さした。

「ここ……ちょっと顔みたいになってませんか？」

私が顔を近づけると、シミズは「ここが目で、口で、ここが鼻」と教えた。

なるほど教えられた通りに見当をつけると、しかめっ面のように見えなくもなかった。

「これがいろいろ教えてくれるんです」

一瞬、そんな莫迦なと笑いかけたが、シミズは真面目な顔で瞬きもせず、私をジッと見つめていた。

「本当かい？」

シミズは頷いた。

彼の話では、瞬間的に声がぼそぼそと聞こえるのだという。

〈シバタサンハヤスミ〉と聞こえたり、〈コノデンシャハオソイ〉と聞こえたりする。

全て男の声であり、主に風呂や小便などボーッとしている時に聞こえるのだという。

傷を見せてくれたのはその一度きりだったが、シミズの予言というか忠告は、その後も何度か耳にしたし、自分も相談めいたものをぶつけた。

外れたことはなかった。

で、そうなると博打やパチンコの話を持ちかける者もいたが、シミズはそういった類の質問には一切答えなかったし、はっきり「わからない」と告げていた。

ところで、シミズは〈おかか〉を食べなかった。

私が好きなので、おかかのおにぎりなどを食べていると「おいしいですか?」と訊いてくる。「うまいよ」と答えると「やっぱりなあ。うまそうだなあ」と妙に感心したような声を出す。

「食べれば良いじゃないか、おごるぜ」と言っても、シミズは手を振って「いりません」と言う。あまりにその様子が変なのでわけを訊くと、自分は食べたいのだが〈顔〉が嫌うのだという。一度、そのことを知らずに食べたところ、随分と叱られたのだという。

「〈顔〉はそんなほこりっぽいものを食べてくれるな、ぺっぺっと怒ったんです」

確かめるように二度ほど食べたが二度とも叱られ、暫く声が聞こえなくなったりもした。以来、自分は食べたいと思うのだが自粛していると残念そうな顔をした。

妙な理由だったが、シミズのことなので「そうか」とだけ言って、それ以上の詮索はしないでおいた。

その後、私がコンビニの仕事を引退してからも、シミズはバイトとして通っていた。

志望の大学は諦め、バイトをしながら食いつないでいるようだったが、仕事ぶりは相変わらず真面目だと私の後を継いだ店長は語っていた。

ある夜、たまたま車で近くに寄った私が店を訪ねると、シミズが夜勤をしていた。

雨の降る客の少ない夜だった。

すると休憩に入ってきたシミズが、おにぎりを四つほど買ってきた。

全て〈おかか〉だった。

「あれ？　お前、おかか大丈夫なの？」と私が訊くと、シミズは頷いた。

「なんか今週から解禁になったんです」

「カイキン？」

「食べて良いって。もう我慢しなくて良いからって、突然」

嬉しくってと笑いながら食べるシミズに、私は「へえー、大人になった証拠かな」などと返し、小一時間ほどで店を後にした。


仕事が忙しくなり、次に店を訪れたのは年の暮れも押し迫る頃だった。

見ると、シフト表からシミズの名が消えていた。

――ああ、あいつもやっと卒業して行ったんだなあと思い、銀行から戻ってきた店長にシミズはどこに就職したんですかと訊いた。

「あ、あいつ死にました」

店長は申し訳なさそうな顔をした。

「連絡しようと思ったんですけれど、連絡がつかなくて」

当時、私は住所不定のように暮らしていたので仕方のないことだった。

シミズは、バイト代を貯めて買った原チャリに乗っていて事故ったのだという。

「ちょうど、平山さんが来た次の日だったと思います」

店長は夜勤者がつける日誌を見て、前回の私の来店を確認していた。

「……あいつ、おかか喰ってたんだよなあ」

私がぽつりと告げると、店長が「あ、それ僕もおかしいと思ってたんです」と言った。

店はその後傾き、やがて潰れてしまった。

自選解説

平山夢明

素振り

（『東京伝説　うごめく街』より）

　これは『「超」怖い話』の取材で女子大生に「生理で寝込んでいた時に部屋の窓にガツッと手が当たってギューと消えた」という話を聞いていたら、一緒にいた子が「私もこんなことあった」と話し出したんだよ。霊じゃない怖い話としてものすごく印象的だった。これが後の『東京伝説』の構想のきっかけになったかもしれない。あんまり聞いたことないな、というのと話の構造としてもシンプルでキレイ。こういう話を聞くと不謹慎ながら「ヨシ！」と思っていたね、この頃。『東京伝説』の幾つかのパターンのひとつにはなったよな。

東京プリティウーマン

（『東京伝説　うごめく街』より）

　援助交際と言って少女たちが自分たちを風俗のように売り出し始めて、デリみたいな風俗もだけど援交の子たちも相手の家にすぐ行っちゃうんでしょ？　これは結構危ない話だよね。

日本の風俗はある意味平和なところがあったけど、「インバウンド」とか言っているから、もうすぐなくなるよ。外人も増えてろくでもないことをする奴も増えて、ボロボロにされたりバラバラにされていなくなっちゃったりしたら、やってる女の子も怖くてやらなくなるでしょ？

行方不明者に関しては、実質日本では統計に上ってはいないんだけど、その半分近くは亡くなっている可能性がある。でも捜査なんてしないんだよ。「特殊失踪」という明らかに犯罪にかかわっている巻き込まれている、という定義の不明者が、白書には何十万人と書かれているのにね。弱い立場の人たちこそそんな目に遭うんだろうに。「東京プリティ〜」の話は、死を覚悟した人間が人を巻き込むという怖さも絡んでいるけど、本来そういう場に身を置いてしまう、弱い人間っていうものの悲惨さもあるわけよ。

（『東京伝説　うごめく街』より）

山

これはキャンプ場の人に聞いた話。熊って日本の哺乳類の食物連鎖の頂点にいるんだよ。人間は誰もが武器を持っているわけではない。そんな武器も持たないひ弱な人間が山の中でキャンプなんて何故できるかというと、ようは熊が人間を怖がっているからだ。成獣のオスの熊は単体で動くから、怖いものには近づかない。しかし、人間が餌付けすることでこの前提が崩れる。熊が「人間は餌を持っている」「人間は皆が銃を持っているわけではない」と理解して集団で活動するようになったら、五頭でキャンプ場の人間を皆殺しにできるらしい。それも一晩で、というからその脅威を知らないということが何より恐ろしい。

（『東京伝説　忌まわしき街』より）

公衆電話BOX

犯罪被害者系の話。今、ほとんどボックスってないよね？　これを聞いた時は、なるほど、頓智の効いたことするなあ、と感心したんだよ。それで印象に残っている。

（『東京伝説　冥れる街』より）

テレビ

これは良いよね。ジェットコースターに乗った気分で黙って読んで愉しい話。

（『東京伝説　忌まわしき街』より）

都会の遭難

これも鉄板の〈伝説〉。

（『東京伝説　堕ちた街』より）

ナリスマ師

『東京伝説』にはかかせない風俗に並ぶ闇稼業系。これは都会でないと成立しない話だよね。こんな闇仕事は、自発的なもしくは不慮の原因による失踪者相手にはしないじゃない。失踪させたのをわからないようにしているわけだからね。
その先はバラバラにして売られちゃってるかもしれない――その先の闇をより想像させられるところが厭なんだな。

リモコン

（『東京伝説　うごめく街』より）

これを聞いた当時は「虐め」というものの実態が、まだそんなにわからなかったんだよ。取材して回っていたのが「虐め対策」とかいうのを講義するような場所で、そのどこかで聞いた話なんだよな。「今はこういう手段を使って陰湿化しているんです」という走りだったんじゃないかな。科学新製品が出て来た場合、従来の規制がきかなくなる。子供たちは受け入れるのが早いし、ゆえに手段が陰湿化していくという怖さだね。周囲にはわからない、これはステルス虐めだよ。

コンビニ

（『東京伝説　うごめく街』より）

コンビニの店長やっていた経験からか、コンビニに絡む話はわりと引っかかるんだよな。この話は、都市伝説の「ダルマ女」的なものかなと思わせてまったく違った、と思ったところでゾクッとくるのがいいんだよ。

内職

タクシーの運転手に「怖い話ない？」と訊いた時に、「わたしじゃないけど、お客さんに変なことを言ってた人がいて――」と教えてもらった話。タクシーの中の変な話って、案外たくさんある。今はドライブレコーダーがあるけど、昔はなかったからね。運ちゃんに勧められたコーヒーを飲んだらおかしなことになっちゃったとか、よくあったみたいだよ。

（『東京伝説　うごめく街』より）

芋けんぴ

虐待を受けているのに、子供っていうのはやっぱり親にくっつく。その悲劇だよね。こういう話は本当によく聞く。これが後に短編の「無垢の祈り」や「お化けの子」とかが世に出る一端を担ったかもしれないね。

（『東京伝説　死に逝く街』より）

百目婆

これも某呑み屋街で遭遇したという話。こういう話、俺大好きなの。平成にも妖怪は出る。

（『東京伝説　忌まわしき街』より）

麻酔

（『東京伝説　閉ざされた街』より）

これは素晴らしい話だよね！　似た話に「コンタクト」（『ゆがんだ街の怖い話』収録）というのもあるけど、こっちの話のほうが凝ってるよね。

サイコごっこ

（『東京伝説　うごめく街』より）

アメリカで「悪魔の授業」といわれている実験があって、孤児であるような子供を集めて学校を作って、そこにいる子供ひとりに、わざと「滑舌が悪い」とか「話し方が良くない」と詰めていくと、その子は喋ることが難しくなる。そういう恐ろしい実験があるのだけれど、この話自体も似たことで、狂った真似を遊びでしていたらほんとになってしまったということ。ちょっとした薄暗い遊びがとんでもないことを引き起こす、ふとしたことが大事《おおごと》になった、という話だね。

NO．4

（『東京伝説　彷徨う街』より）

ストーカーというかコレクターというようなヤツは二十四時間そのことを考えているから、かなり行き届いているわけだよ。鏡に映して本人から正字に見えるようにするっていうのも、自分の獲物であることを忘れさせないという意図なんだよな。その行き届き加減が気味が悪いという。

マヨネーズおじさん

（『東京伝説　乾いた街』より）

これは風俗やっている知り合いから聞いた話。これ、ほんと怖いんだよ。マヨネーズ嫌いな子あんまりいないでしょ？　まさか入れちゃうのがそんな大変なことになるなんて思わなかったりする子もいるんだよ、チップももらえるし。これは女性を破壊する悪意でしかないんだよ。不思議なことに、こんなことをする輩は周期的に表れるというんだよな。時期も場所も人も違うのに——そのあたりが〈伝説〉的というか。

（『東京伝説　閉ざされた街』より）

公園デビュー

「公園デビュー」という言い方にはすごく違和感を覚えていたんだけど、この話の取材当時には「公園デビューをしなければいけない」というようなニュアンスになっていった。公園は誰でも入れる場所だろ？　デビューというのは何かの集団に入れてもらうってことだろ？　そういうグループを作ると、大概「カースト」ができるわけよ。AとBというグループがあると、仲が良いわけがないんだよ。仲が良いとひとつになっちゃうから。そしてその両方ともつき合う人というのはスポイルされていく——というのがこの話の話し手の恐怖につながるんだけど。――「しなければいけない」という怖さの反面に、子育て中の閉塞感にお母さんも病んでいっているというのが見えてきたんだよな。

（『東京伝説　うごめく街』より）

ネックレス

昨今聞くようになったけれど、誰でもいいから殺したかった、死刑になりたかったというものの延長線上にある〈伝説〉のひとつ。イタズラに見せかけた凶悪な殺人未遂という話なんだけど――怖いのは、イタズラなのか強烈な犯意を持っているのかわからないところだよね。

（『東京伝説　うごめく街』より）

取り扱い注意

人間騾馬（ミュール）みたいなことをしていたという話で、ドラッグネタとして俺は好き、すばらしいなあと。『東京伝説』の目指すところというのは、ただ単に怖いというのではないと思っている。人が生きている中で、その出来事が実際にあったかどうかは確認できないかもしれないけれど、そういう話ってあってもいいなと俺が判断した場合は、活かすわけよ。当時はこんな話はあるわけないだろとよく言われていたけど、今じゃ出てきている。そう意味では〈伝説〉という意味を考えて編んできたのは良かったんだよ。ただ単にグロや不気味な話ばかりでない、〈伝説〉になるかならないかが非常に重要だった。これからより頻発する可能性がある、それは皆が目にすることが多くなる可能性がある、ということだね。
このドラッグの話は聞いた時に「うえっ」って思ったけど、若い子とか無鉄砲だからやりそう、だから現実として頻発してくるなと思った。そういうことで入れたんだよ。

（『東京伝説　狂える街』より）

プリンのおじちゃん

ネグレクトの事件も昨今はどんどん表に出てきているけれど、当時は「虐待されているかもと思ったら近隣の人も通報して」なんてことはなかったからね。この話はそんな時代に、たまたま可哀想な子に出会って優しくしちゃったらそれが仇になったという。じゃあ優しくしなきゃよかったのかというとそういうものでもない。でもやっぱり他人事だから、それ以上の介入をしなかった、という悲惨さがあるよな。でも助けた方がいいよ、助ける機会があるならさ。

（『東京伝説　彷徨う街』より）

シャワーノズル

培養する虫系。大陸残虐話のひとつ。虫に纏わる話も〈伝説〉の鉄板のひとつだね。

（『東京伝説　溺れる街』より）

蚊

虫シリーズの中でこれを選んだのは、俺が蚊が嫌いだから。ゴキブリは全然平気なんだけど、蚊は嫌い。だって攻撃しにくるじゃん。ゴキブリなんか攻めてこないじゃん、たまに唇かじりに来たりするけどそれぐらいだろ？――蚊はイヤだね。

二度死んだ男

これは親友のボンの話。死んで首の皮一枚で戻って来たんだけどね。二度死んで生き返ったんだけど、三年前に三度目で本当に逝っちゃったけどね。あいつ、死んだってわかっているかな――聞けないのが残念だよ。追悼の意を込めて選んでみました。

（『東京伝説　彷徨う街』より）

おふくろの味

この話は良いね。海外の話にも似たようなものがあって、向こうでは遺灰がスパイスか何かと間違われて食べられたみたいなことだった。他にも、大事な人が亡くなってその遺灰を自ら食べちゃったという話もあるけど、知らぬ間に食べさせられるというのはやっぱり暴力的。

（『東京伝説　乾いた街』より）

這個さん

おもしろさって文章の長い短いって関係ないと思う。切れ味いい話はそういう風に読ませたくて、そのまま記したという一編。取材なんかしていても、よっぽどしゃべりたがりの人以外は、そう長々と話す人はいないんだよね。ひとりふたり相手ならまた違うかもだけど、飲んでいる席で「何かある?」みたいな話になり、けっこうな人数がその場にいたら、そんなにそればっかり話す人はいないよ。こんなもんだよ。

フラスコ

躯が腐るとか虫に食われるとか行方不明になるとか、そんな〈伝説〉風味の強い話のひとつ。

(『東京伝説　うごめく街』より)

メンパブ

お酒の場所は気をつけて、という話。

(『東京伝説　彷徨う街』より)

607

これを書いていた頃、怖い話を書くのにちょっと飽きたことがあって、これを聞いたらなんだか「いい感じ」になったんだよね。間抜けだけど、見方を変えれば怖いじゃん。

(『東京伝説　彷徨う街』より)

祟り場

(『東京伝説　うごめく街』より)

ワラ人形の代わりに隣の家(実際には敷地内のアパートの一室)に呪いをかけるって、それで一体どうなるんだってとこがあるんだけど、これの怖さって、そんなにこの人は私を憎んでいたのかという憎悪に相対した時の大きさというのがある。また、これは直接攻撃に結びつきかねない。敵を殲滅するのが目的になっているのだから。

（『東京伝説　うごめく街』より）

週末ラーメン

『東京伝説』の看板となっている話のひとつだね。昔はラーメンって、ほっとする食べ物だったんだよ。今は銭の元というか、ちょっとジャパニーズドリームの道具みたいになっているけど、そこの生臭さみたいなものが出ていて俺はこの話、好きなんだよ。ちなみにまだこのラーメン屋あるよ。

（『東京伝説　忌まわしき街』より）

窓辺

虐待をしていた子供が死んで、初めて母親が母親らしい顔を見せたという——人間というのは、自分の中の攻撃性が昇華されたら落ち着くんだよ。二度とこの子は泣いて自分を困らせないから。

虐待をする人っていうのは、殆どが自分は被害者だと思っている。そして自分が被害者だと思っている人は、自分を責めてもいる。自分の中では「あなたはこんな風に子供を叩いたりしたりする人じゃないのに」って責める自分がいるんだよ。そしてその責めは「本当は私はこんなことをする人間じゃないのに、させるこの子が悪い」という風になるんだ。親としての良いモデルがいなかったから、煮詰まってしまったというのもあるかもしれない。

俺はもとから、育児が苦手とか子供自体が苦手なんて人もいるんだと思っているからさ、そういう人がそれを素直に言ってフォローが受けられるような方法とかシステムが作れるといいなと思う。

（『東京伝説　彷徨う街』より）

いってもどっていってもどる

ほんまもんのプロはえげつないことを考えるという話。

（『東京伝説　閉ざされた街』より）

となりの女

昔は「もらい乳」というのがあって、それはそれでいいけど、無理に「飲ませ乳」みたいになっているから厭だ、という話だね。ある種の肉体接触や授乳っていうものは、母親にとっては自分の存在証明みたいなものでもあるじゃない？　それを無理やり奪おうっていうのが凶悪だよね。

風呂ぶた

この話は「これ、伝説の中でどうかな？」と思う人もいるかもしれないけど、実は俺の体験談。そうぴったりわかるようにはしてないけど、こういう人がいてこういうことがあったんだよ。ちょっと不思議な子だったの。物の怪に近いというか。なんとなく良い奴だったし、良い思い出のひとつとして。

（『東京伝説　溺れる街』より）

シリーズを始めて少し経った頃「現代人はパートタイムで正気を保っているにすぎない」と言ったことが、十一巻目（二〇一〇年刊行　事実上の最終巻）では「フルタイムの狂人も随分増えたよう」と書いています。それからまたしばらく経ちましたが、狂気は加速しさらに蔓延しているように思えます。

今、この本を手に取っていただいている時点で、あなたはこの凄まじい世界の中を生き抜いている存在です。

願わくば、この本が読み物として、純粋に楽しめる時間がさらに続きますように……。

二〇一八年　あとがきにかえて

東京伝説
自選コレクション
溶解する街の怖い話

2018年10月5日　初版第1刷発行

著者	平山夢明
企画・編集	中西 如（Studio DARA）
発行人	後藤明信
発行所	株式会社 竹書房 〒102-0072 東京都千代田区飯田橋2-7-3 電話03（3264）1576（代表） 電話03（3234）6208（編集） http://www.takeshobo.co.jp
印刷所	中央精版印刷株式会社

定価はカバーに表示しています。
落丁・乱丁本は当社にてお取り替えいたします。

ISBN978-4-8019-1623-4 C0176